Début d'une série de documents en couleur

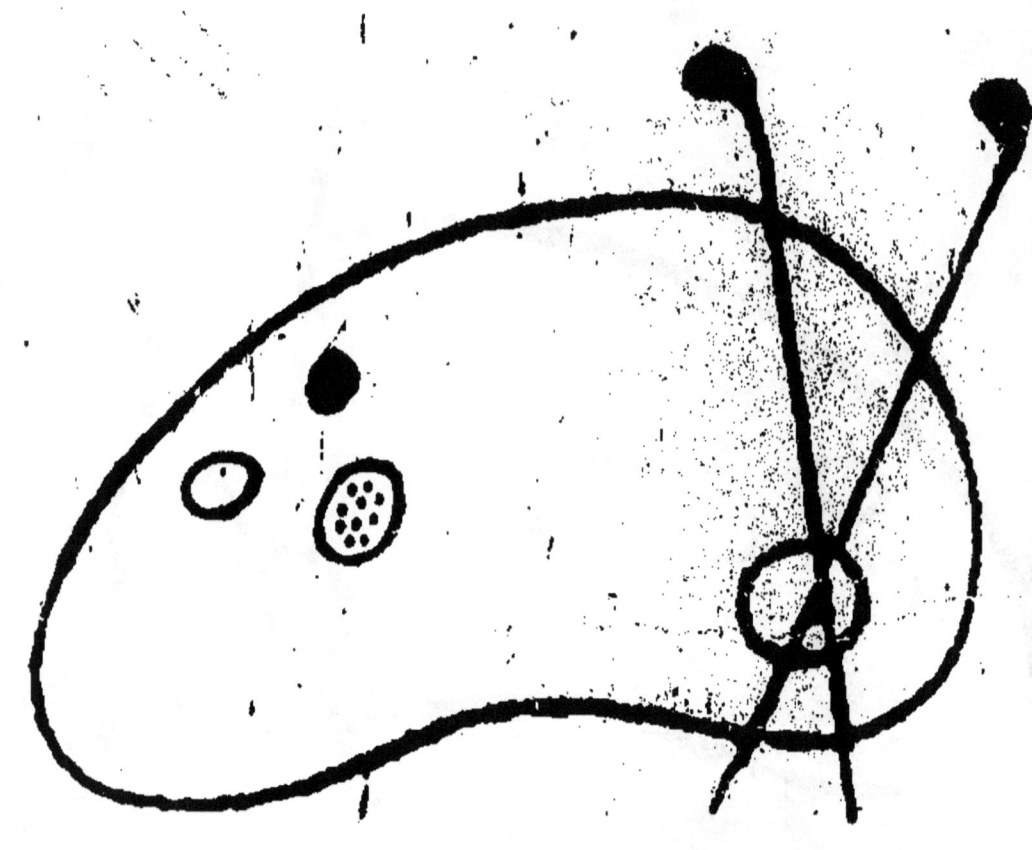

Fin d'une série de documents en couleur

LE
PESSIMISME
AU XIXᴱ SIÈCLE

OUVRAGES DU MÊME AUTEUR

A LA MÊME LIBRAIRIE :

Essai sur le Mysticisme au dix-huitième siècle; Saint-Martin, le Philosophe inconnu. In-8, 1852. (*épuisé*).

La Philosophie de Gœthe. Étude sur le panthéisme au dix-neuvième siècle. Ouvrage qui a obtenu le prix Bordin à l'Académie française. In-8.   5 fr.

Problèmes de morale sociale, 1 vol. in-8.   7 fr.

L'Idée de Dieu et ses nouveaux critiques; 6ᵉ édition. 1 vol. in-18 jésus.   3 fr. 50

Le Matérialisme et la Science; 3ᵉ édition. In-18.   3 fr. 50

Les jours d'Épreuve, 1870-1871. In-18.   3 fr. 50

Études morales sur le temps présent; 3ᵉ édit. In-18. 3 fr. 50

Nouvelles études morales sur le temps présent. In-18. 3 fr. 50

LE
PESSIMISME
AU XIXᴱ SIÈCLE

LEOPARDI — SCHOPENHAUER — HARTMANN

PAR E. CARO

DE L'ACADÉMIE FRANÇAISE

PARIS
LIBRAIRIE HACHETTE ET Cⁱᵉ
79, BOULEVARD SAINT-GERMAIN, 79
—
1878

Droits de propriété et de traduction réservés

AVANT-PROPOS

Jamais on n'a agité avec autant de passion qu'à notre époque la question du mal et celle du prix de la vie. Quelle valeur la vie doit-elle avoir aux yeux d'un homme réfléchi, éclairé par l'expérience et la science modernes? Est-il vrai que le monde soit mauvais, qu'il y ait un mal radical, absolu, invincible, dans la nature et dans l'humanité, que l'existence soit un malheur et que le néant vaille mieux que l'être? Ces propositions sonnent étrangement aux oreilles des hommes de notre temps, étourdis par le bruit de leur propre activité, justement fiers des progrès de la science, et dont le tempérament médiocrement élégiaque s'accommode à merveille d'un séjour prolongé sur cette terre, des conditions laborieuses qui leur sont faites, de la somme des biens et des maux qui leur sont départis. Elle existe cependant, cette philosophie qui maudit la vie, et non-seulement elle se manifeste dans quelques livres brillants et aventureux, jetés comme un défi à l'optimisme scientifique et industriel du siècle, elle se développe par la discussion même, elle se propage par une contagion subtile dans un certain nombre d'esprits qu'elle trouble. C'est une sorte de maladie intellectuelle, mais une maladie privilégiée, concentrée jusqu'à ce jour dans les sphères de la haute culture, dont elle paraît être une sorte de raffinement malsain et d'élégante corruption. Il y a là quelque chose comme une crise cérébrale et littéraire à la fois, qui dépasse l'enceinte d'un système. Nous avons essayé de l'analyser dans quelques grands sujets d'étude, d'en noter les analogies à travers les milieux les plus différents, et, par l'examen des formes comparées et des symptômes, de remonter jusqu'à la source de ce mal tout nouveau chez les peuples de l'Occident. Une pareille étude, disons-le, est plus de curiosité psychologique que d'utilité pratique. Il n'est guère à craindre que cette philosophie soit jamais autre chose en Europe qu'une philosophie d'exception, et que l'humanité civilisée s'abandonne à la mortelle séduction de ces conseillers du désespoir et du néant.

LE PESSIMISME

AU XIXᵉ SIÈCLE

CHAPITRE PREMIER

Le Pesssimisme dans l'histoire.

Quand on dit que le pessimisme est un mal tout moderne, il faut s'entendre : c'est un mal moderne sous la forme systématique et savante qu'il a prise de nos jours ; mais il y a eu de tout temps des pessimistes, il y a un pessimisme contemporain de l'humanité. Dans toutes les races, dans toutes les civilisations, des imaginations puissantes ont été frappées de ce qu'il y a d'incomplet, de tragique dans la destinée humaine ; elles ont donné à ce sentiment l'expression la plus touchante et la plus pathétique. De grands cris de tristesse et de désespoir ont traversé les siècles, accusant la déception de la vie et la suprême ironie des choses. Ce désaccord de l'homme avec sa destinée, la mise en opposition de ses instincts et de ses facultés avec son milieu, la nature hostile ou malfaisante, les piéges et les surprises du sort, l'homme plein de doute et d'ignorance, souffrant par sa pensée et par ses passions, l'humanité livrée à des luttes sans trêve, l'histoire pleine des scandales de la force, la maladie enfin, la mort, la séparation violente par l'inconnu des êtres qui se sont le plus aimés, toutes ces souffrances et ces misères forment comme une clameur qui retentit du fond des consciences dans la philosophie, dans la religion, dans la poésie des peuples. Mais ces plaintes ou ces cris de révolte, quel qu'en soit l'accent profond et passionné, sont presque toujours, dans les races et les civilisations anciennes, des accidents individuels : ils expriment la mélancolie d'un tempérament, la gravité attristée d'un penseur, le bouleversement d'une âme sous le coup du désespoir, ils n'expriment pas, à proprement parler, une conception systématique de la vie, la doctrine raisonnée du renoncement à l'être. Job maudit le jour où il est né : « L'homme né de la femme vit peu de jours tout pleins de misère ; » mais Jehovah parle, foudroie de ses évidences le doute ingrat, la plainte injuste, la vaine révolte de son serviteur, il le relève en l'éclairant et le sauve de lui-même. Salomon déclare « qu'il est ennuyé de la vie, voyant tous les maux qui sont sous le soleil, et que toutes choses sont vanité et affliction d'esprit[1] ; » mais ce serait une interprétation bien superficielle que celle qui ne voudrait voir dans cette sombre poésie de l'*Ecclésiaste* que le côté du désespoir sans y voir en même temps le contraste des vanités de la terre, épuisées jusqu'au dégoût par une grande âme, avec des fins plus hautes qui

---

1. L'*Ecclésiaste*, II, 17.

l'attirent, et comme l'antithèse éternelle qui résume toutes les luttes du cœur de l'homme, sentant sa misère dans l'ivresse de ses joies et cherchant au-dessus de lui-même ce qui doit combler le vide de son ennui.

Des sentiments analogues se rencontrent dans l'antiquité grecque et romaine. On a noté souvent des traits de profonde mélancolie soit chez Hésiode et Simonide d'Amorgos, soit dans les chœurs de Sophocle et d'Euripide. C'est de la Grèce qu'est partie cette plainte touchante : « Le mieux pour l'homme est de ne pas naître, et, quand il est né, de mourir jeune. » M. de Hartmann n'a pas manqué de relever un passage de l'*Apologie*, où Platon lui fournit une image expressive pour faire ressortir la proposition fondamentale du pessimisme, que le non-être est préférable en moyenne à l'être : « Si la mort est la privation de tout sentiment, un sommeil sans aucun songe, quel merveilleux avantage n'est-ce pas que de mourir! Car, que quelqu'un choisisse une nuit ainsi passée dans un sommeil profond, que n'aurait troublé aucun songe, et qu'il compare cette nuit avec toutes les nuits et tous les jours qui ont rempli le cours entier de sa vie; qu'il réfléchisse et qu'il dise en conscience combien dans sa vie il y a eu de jours et de nuits plus heureux et plus doux que celle-là ; je suis persuadé que non-seulement un simple particulier, mais que le grand roi de Perse lui-même en trouverait un bien petit nombre, et qu'il serait aisé de les compter. » Aristote a remarqué, avec une justesse pénétrante, qu'il y a une sorte de tristesse qui semble être le partage du génie[1]. Il traite la question en physiologiste ; mais ne peut-on pas dire, à un autre point de vue, en complétant sa pensée, que la hauteur où s'élève le génie humain ne sert qu'à lui montrer avec plus de clarté et sur de plus larges surfaces la frivolité des hommes et la misère de la vie ?

L'épicurisme, gai, voluptueux, frivole, conduisait, par une logique inattendue, à la condamnation de la vie. Témoins ces sectateurs de la volupté, à Rome, qui mouraient

---

1. *Problèmes*, XXX.

aussi facilement et avec autant de résolution que les amants farouches de la liberté stoïque. Au fond, c'est l'amour exagéré de la vie qui les amène à la condamner et à la rejeter quand il n'y a plus de joie à attendre. S'il n'y a pas de fin supérieure au plaisir, à quoi bon survivre au plaisir éteint? Le plaisir n'est pas immortel; quand la fatigue commence, l'épuisement n'est pas loin, et qu'y a-t-il de plus triste pour un épicurien que de se voir abandonné par la volupté? Il vaut mieux prévenir cet abandon, pire que la mort, et mourir vivant. « A quoi sert-il, semblent dire les sectateurs d'Épicure au voluptueux épuisé, de disputer lâchement quelques jours condamnés d'avance et quelques sensations précaires à la nature qui se retire de toi? Tu n'as plus rien à attendre que la douleur, les infirmités, la vieillesse. Bois la mort dans une dernière libation. » — C'est sous ces inspirations que s'était formée à Alexandrie l'Académie des *comourants* (τῶν συναποθανουμένων) dont faisaient partie Antoine et Cléopâtre. — Les Romains de la décadence, que le pinceau de M. Couture n'a pas calomniés, jetaient dans une dernière fête leur vie en offrande au destin, et se plongeaient, avec une sorte de voluptueux vertige, dans cet inconnu qu'ils croyaient être le néant. Pétrone, le poète de l'orgie romaine, joua jusqu'au dernier instant avec le suicide, se faisant ouvrir successivement et refermer les veines, comme pour goûter plus à loisir le sentiment de sa délivrance.

Il y a un épicurisme triste qui procède au contraire non d'un amour exagéré, mais d'un mépris raisonné de la vie. Lucrèce renouvelle avec un tragique éclat la condamnation qu'avaient déjà portée contre elle quelques philosophes grecs. On a eu raison[1] de rapprocher cette inspiration répandue dans la poésie de Lucrèce des plaintes qui retentissent avec une douloureuse monotonie, comme un écho, à travers les fragments qui nous restent du vieil Empédocle.

« Dieux ! quelle est votre misère, pitoyable

---

[1]. *The Roman poets of the Republic,* by Sellar, Edinburg, 1863. Chapter VIII. — *Lucretius,* p. 218.

race des mortels ! Au milieu de quelles luttes et de quels soupirs vous êtes nés[1] ! »

Rappelons aussi cette énergique peinture de la vie : « Des maux de toutes sortes tombent sur nous, émoussant et détruisant en nous la pensée. Mesurons du regard la courte carrière de cette vie, qui vraiment n'est pas viable ; comme nous mourons vite ! Chaque existence est un flot de fumée qui s'évanouit ; chacun de nous peut à peine connaître, dans cette agitation qui nous emporte de tous les côtés, le coin du monde où il a été jeté ; mais c'est en vain que l'on se vante d'avoir embrassé par la pensée l'universalité des choses : ni le regard de l'homme ne peut en rien saisir, ni l'oreille en rien entendre, ni l'intelligence en rien percevoir[2]. »

---

1. Ὦ πόποι, ὦ δειλὸν θνητῶν γένος, ὦ δυσάνολβον,
Οἷον ἐξ ἐρίδων ἔκ τε στοναχῶν ἐγένεσθε !
Περὶ φύσεως, vers 30.
2. Πολλὰ δὲ δεῖν' ἔμπαια, τάτ' ἀμβλύνουσι μερίμνας,
Παῦρον δὲ ζωῆς ἀβίου μέρος ἀθρήσαντες
Ὠκύμοροι, καπνοῖο δίκην ἀρθέντες ἀπέπταν
Αὐτὸ μόνον πεισθέντες, ὅτῳ προσέκυρσεν ἕκαστος
Πάντος' ἐλαυνόμενοι· Τὸ δ' ὅλον πᾶς εὔχεται εὑρεῖν,

Tout est pour nous énigme et chaos. Nous ne savons rien des choses au milieu desquelles nous entraîne une force aveugle. Quel bonheur un esprit qui réfléchit peut-il goûter dans ces ténèbres agitées où nous sommes emportés sans conscience et sans souvenir?—C'est d'une inspiration analogue que procède ce qu'on pourrait appeler le pessimisme de Lucrèce. Le poète latin ne cherche même pas l'énigme de la vie : il proclame qu'il n'y en a pas ; il n'y a ni un sens caché à l'existence ni un ordre futur qui puisse réparer le trouble et le désordre du monde présent. La sagesse est d'éteindre en soi tout désir et d'arriver à cette *apathie* qui ressemble assez au nirvâna bouddhique, et dans laquelle rien ne pénètre plus, ni bruit du dehors, ni étonnement, ni émotion. Mais le bouddhiste a tué en lui le sentiment de la vie ; le sage de Lucrèce vit encore et se sent vivre, de là une souffrance incurable : il ne peut plus respirer dans ce vide où il s'est

---

Αὔτως· Οὔτ' ἐπιδερκτὰ τάδ' ἀνδράσιν οὔτ' ἐπακουστὰ
Οὔτε νόῳ περιληπτά. *Ibid.* vers 36.

enfermé, il y étouffe. On nous a retracé d'un trait vif et délicat ce malheur de l'épicurien, fidèle à son étroite doctrine et qui, de prudence en prudence, a de plus en plus resserré le cercle de son action : « L'ennui entre dans son âme désertée par les passions. L'uniforme spectacle du monde, dont il n'est que l'oisif contemplateur, le fatigue et l'exaspère. Il laissera échapper avec Lucrèce ce cri répété du dégoût : toujours, toujours la même chose ! *Eadem sunt omnia semper, eadem omnia restant !*... Le seul avantage qu'il se soit assuré, c'est de n'avoir point peur de la mort ; car il y a si doucement acheminé sa vie qu'il pourra passer d'un néant à l'autre sans secousse. Peut-être même préviendra-t-il les ordres de la nature pour aller plus vite vers ce sommeil éternel, dont il a déjà goûté les prémices, et pour s'assurer plus tôt le charme de la mort[1]. » N'est-ce pas déjà la *gentilezza del morir*, que célébrera vingt siècles plus tard Leopardi ?

---

1. Martha, le *Poème de Lucrèce*, p. 358.

Nous rappellerons enfin pour en finir avec cette singularité du goût de la mort dans l'antiquité, qu'au commencement du IIIe siècle avant l'ère chrétienne, florissait à Alexandrie une école de pessimisme ouverte par un des plus célèbres docteurs de l'école Cyrénaïque, le fameux Hégésias, qui tirait de la doctrine d'Aristippe des conséquences inattendues contre la vie. Partant de ce principe que le plaisir seul peut être la fin raisonnable de l'existence humaine, il en concluait qu'à cause de cela même l'existence a tort puisqu'elle n'atteint pas cette fin [1]. Le bonheur est une chose purement imaginaire et irréalisable, qui trompe et qui trompera toujours nos efforts (ἀδύνατον καὶ ἀνύπαρκτόν). La somme des plaisirs n'égale jamais celle des peines et les biens eux-mêmes n'ont rien de réel : l'habitude en émousse la jouissance et la société nous les ravit. D'où cette maxime qui résumait sa philosophie : « Ce n'est qu'à l'insensé que la vie paraît être un bien ; le sage n'éprouve pour

---

1. *Diogène Laerce*, liv. I., *Vie d'Aristippe*, chapitre 86.

elle qu'indifférence, et la mort lui paraît tout aussi désirable. » La mort vaut la vie; elle n'est que la forme suprême du renoncement, par laquelle l'homme se délivre d'une attente vaine et d'une longue déception. — Il avait composé, nous dit Cicéron[2], un livre intitulé *le désespéré* (Ἀποκαρτερῶν) où il fait parler un homme qui se laisse mourir de faim; ses amis tâchent de l'en dissuader; le désespéré leur répond en énumérant les peines de cette vie. C'est la contre-partie du *Phédon* où Socrate mourant développe les raisons d'espérer même contre l'injustice et le trouble de la vie présente. Il est piquant de constater que ce mélancolique prédicateur de la mort, qui s'inspire de la doctrine de la volupté, en vient à employer quelques-uns des arguments les plus chers à Schopenhauer. Hégésias était si éloquent dans ses sombres peintures de la vie humaine, qu'il reçut le nom de *Peisithanatos* et que le roi Ptolémée, effrayé du trouble que sa parole

---

2. *Tusculanes*, liv. I, chap. xxxiv. Voir aussi Valère Maxime, liv. I, chapitre ix.

répandait dans les âmes, dut fermer son école pour soustraire les auditeurs à la contagion du suicide.

Quoi qu'il en soit de ces symptômes philosophiques, le genre de sentiments qu'ils expriment est rare chez les anciens, et c'est un grave tort au poète du pessimisme, à Leopardi, d'avoir imaginé pour les besoins de sa cause une antiquité de fantaisie, et voulu nous persuader que le pessimisme était dans le génie des grands écrivains d'Athènes et de Rome. Système ou erreur, ce point de vue gâte en lui le sens si pénétrant et si fin qu'il a de l'antiquité. Rien de plus chimérique que cette Sapho méditant sur les grands problèmes :

. . . . . Arcano è tutto
Fuor che il nostro dolor...

Ce n'est plus l'inspirée, la possédée de Vénus qui parle ici, c'est quelque blonde Allemande rêvant d'un Werther inconnu, séparée de lui par des obstacles infranchissables et s'écriant « que tout est mystère, hormis notre douleur. »

C'est dans le même sens et sous l'empire de la même idée que Leopardi force l'interprétation des deux paroles célèbres de Brutus et de Théophraste au moment de mourir, l'un reniant la vertu pour laquelle il meurt, l'autre reniant la gloire pour laquelle il n'a pas voulu vivre[1]. A supposer qu'elles soient authentiques et qu'elles n'aient pas été recueillies sur la foi de quelque vague légende par Diogène Laërce et Dion Cassius, ces paroles ne pouvaient évidemment avoir dans la bouche qui les a prononcées la signification toute moderne que leur attribue un trop subtil et trop ingénieux commentaire. D'ailleurs Leopardi se corrige lui-même, il rentre dans la vérité de l'histoire des races et des temps quand il dit ailleurs, dans le même ouvrage, « que la source de ces pensées douloureuses, peu répandues parmi les anciens, se trouve toujours dans l'infortune particulière ou accidentelle de l'écrivain ou du personnage mis en scène, imaginaire ou réel. » C'est là le vrai. Le fond

---

1. *Comparazione delle sentenze di Bruto e Teofrasto.*

de la croyance antique est que l'homme est né pour être heureux et que, s'il ne réussit pas à l'être, c'est par la faute de quelque divinité jalouse ou de l'orgueil humain, s'élevant comme une injure ou une menace contre les dieux. Ce qui domine chez les anciens, c'est le goût de la vie et la foi au bonheur terrestre qu'ils poursuivent avec opiniâtreté ; il semble, quand ils souffrent, qu'ils soient dépossédés d'un droit.

M. de Hartmann, dans sa *Philosophie de l'Inconscient*, marque en traits précis cette idée de l'optimisme terrestre qui régit le monde antique (juif, grec, romain). Le juif attache un sens temporel aux bénédictions du Seigneur ; le bonheur pour lui, c'est que ses greniers soient remplis de gerbes et que ses pressoirs regorgent de vin [1]. Ses conceptions sur la vie n'ont rien de transcendant, et pour le rappeler à cet ordre supérieur de pensées et d'espérances il faut que Jehovah lui parle par ses prophètes ou l'avertisse en le châtiant. La

---

1. *Proverbes*, III, 10.

conscience grecque, après qu'elle a épuisé les nobles ivresses de l'héroïsme, cherche la satisfaction de ce besoin de bonheur dans les jouissances de l'art et de la science ; elle se complaît dans une théorie esthétique de la vie. — L'existence est le premier des biens ; on se rappelle le mot d'Achille aux enfers dans *l'Odyssée* : « Ne cherche pas à me consoler de la mort, noble Ulysse ; j'aimerais mieux cultiver comme un mercenaire le champ d'un pauvre homme que de régner sur la foule entière des ombres. » C'est le mot de l'*Ecclésiaste* : « Mieux vaut un chien vivant qu'un lion mort (ix, 4). » La république romaine introduit ou développe un élément nouveau ; elle transforme l'égoïsme de l'individu en égoïsme de race ; elle ennoblit le désir du bonheur en le transposant, en marquant à l'homme ce but humain encore, mais supérieur, auquel l'individu doit s'immoler : le bonheur de la cité, la puissance de la patrie. Voilà, sauf quelques exceptions, les grands mobiles de la vie antique : les bénédictions temporelles dans la race d'Israël, les jouissances de la science et de l'art chez les

Grecs ; chez les Romains, le désir de la domination universelle, le rêve de la grandeur et de l'éternité de Rome. Dans ces diverses civilisations, il n'y a place que fortuitement pour les inspirations du pessimisme. L'ardeur virile au combat de la vie dans ces races énergiques et neuves, la passion des grandes choses, la puissance et la candeur vierge des grands espoirs que l'expérience n'a pas flétris, le sentiment d'une force qui ne connaît pas encore ses limites, la conscience toute fraîche que l'humanité vient de prendre d'elle-même dans l'histoire récente du monde, tout cela explique la foi profonde des anciens dans la possibilité de réaliser ici-bas la plus grande somme de bonheur ; tout cela est juste à l'opposé de cette théorie moderne qui semble être le triste apanage d'une humanité vieillie, la théorie de l'universelle et irrémédiable douleur.

En revanche et par contraste avec le monde antique, on ne saurait nier qu'il y ait des influences et des courants de pessimisme au sein de la doctrine chrétienne ou plutôt dans certaines sectes qui l'ont plus ou moins fidèlement interprétée. Peut-on douter, par exemple, que telle pensée de Pascal ou telle page des *Soirées de Saint-Pétersbourg* ne trouvent leur place, comme des illustrations d'idée ou de style, à côté des analyses les plus amères de la *Philosophie de l'Inconscient*, ou parmi les *canzoni* les plus désespérées de Leopardi? Ce rapprochement ne semblera forcé à aucun de ceux qui savent que le pessimisme du poète italien a revêtu d'abord la forme religieuse.

Il y a dans le christianisme un côté sombre, des dogmes redoutables, un esprit d'austérité, de dépouillement, d'ascétisme même, qui n'est pas toute la religion sans doute, mais qui en est une partie essentielle, un élément radical et primitif, avant les atténuations et les amendements qu'y apportent sans cesse les complaisances du moi naturel ou les affaiblissements de la foi. D'ailleurs chacun fait un peu la religion à son image et y met le pli particulier de son esprit. Le christianisme vu exclusivement de ce côté et sous cet aspect comme une doctrine d'expiation, comme une théologie des larmes et de l'épouvante, a de quoi frapper certaines imaginations et les incliner à une sorte de pessimisme. Cette manière de comprendre le christianisme est celle du jansénisme outré. La nature humaine étalée et raillée, la perversité radicale mise à nu, l'incapacité absolue de nos misérables facultés pour le vrai et le bien, le besoin de divertissement de ce pauvre cœur qui veut échapper à lui-même et à l'idée de la mort en s'agitant dans le vide, et surtout cette perpétuelle pensée du péché originel qui plane sur l'âme en détresse avec ses conséquences les plus extrêmes et les plus dures, la vision continue et presque sensible de l'enfer, le petit nombre des élus, l'impossibilité du salut sans la grâce, — (et quelle grâce! « non pas seulement la grâce suffisante, qui ne suffit pas, ») — enfin cet esprit de mortification sans pitié, ce mépris de la chair, cette terreur du monde, le renoncement à tout ce qui fait le prix de la vie, un pareil tableau, extrait des *Provinciales* et des *Pensées*, était pour plaire au futur auteur du *Bruto minore* et de la *Ginestra*, dans ses méditations de Recanati. Mais cette analogie de sentiments ne dure pas. Qui ne sent la différence entre les deux inspirations, dès que l'on entre dans une conversation familière avec l'âme de Pascal, si douloureuse et si tendre ? Le pessimisme de Pascal a pour fond une ardente et active charité ; il veut contraindre l'homme, il le consterne, il le terrasse. Mais quelle pitié profonde dans cette logique violente ! Il ferme toutes les issues à la raison, mais c'est pour la porter d'un élan droit au calvaire et transformer cette tristesse en éternelle joie. Il tourmente son génie à découvrir des démonstrations nouvelles de sa foi ; on dirait qu'il succombe sous la responsabilité des âmes qu'il n'aura pas convaincues, des esprits qu'il n'aura pas éclairés.

Il en est de même, à certains égards, bien que pour d'autres raisons, de ce qu'on pourrait appeler le terrorisme religieux de Joseph de Maistre. Certes, au premier aspect, il semble que ce soit un genre de pessimisme que cette apologie lugubre de l'Inquisition, ce dogme de l'expiation appliqué à la pénalité sociale, cette théorie mystique et farouche du sacrifice sanglant, de la guerre considérée comme une institution providentielle, de l'échafaud placé à la base de l'État. Le cœur se serre au spectacle de la vie humaine en proie à des puissances formidables et de la société soumise à un joug de fer, sous un maître qui est un dieu terrible servi par des ministres sans pitié. Mais cet appareil de terreur ne tient pas devant un instant de réflexion. On sent bien vite que ce sont là des paradoxes de combat, des apologies et des affirmations violentes opposées à des attaques et à des négations sans mesure. Joseph de Maistre est un polémiste plutôt qu'un apologiste du christianisme; la bataille a ses emportements; l'éloquence, la rhétorique même ont leur ivresse au milieu de la mêlée; celles de M. de Maistre l'entraînent, il ne les gouverne pas, il en est possédé. Les arguments ne lui suffisent plus, il les pousse à l'hyperbole. C'est un grand écrivain à qui manque un peu de raison, un grand peintre qui abuse de l'effet; son pessimisme est de la couleur à outrance.

On chercherait en vain dans l'histoire du

christianisme, sauf peut-être dans quelques sectes gnostiques, rien qui ressemble à cette philosophie nouvelle. L'histoire de la philosophie elle-même n'offre rien d'analogue. On ne peut absolument pas classer au nombre des pessimistes, malgré des ressemblances superficielles, ceux qui élèvent des objections contre l'optimisme. A ce compte, tout le monde ou à peu près serait, à son heure, pessimiste. Aucune philosophie n'a donné une explication suffisante du mal : ni les stoïciens, ni Platon, ni Descartes, ni Leibniz, ni Rousseau n'ont réussi complétement à concilier l'existence du mal, sous toutes ses formes, avec le gouvernement de l'univers. Il y a là une redoutable antinomie pour la raison. Ceux qui l'ont posée sans la résoudre ne sont pas pessimistes pour cela et ce serait mêler tout et confondre les nuances que de ranger Carnéade, Bayle ou Voltaire parmi les philosophes qui proclament le mal absolu de l'existence : ils n'en ont montré que le mal relatif, en contradiction avec la Providence. — C'est dans l'Inde que le Pessimisme a trouvé ses vrais aïeux ; lui-même le reconnaît et s'en glorifie. La parenté des idées de Schopenhauer avec le bouddhisme a été souvent mise en lumière. Nous n'y insisterons pas ; nous rappellerons seulement que le pessimisme a été fondé dans la nuit solennelle où, sous le figuier de Gaja, méditant sur le malheur de l'homme et cherchant les moyens de se délivrer de ces existences successives qui n'étaient qu'un changement sans fin de misères, le jeune prince Çakya s'écriait: « Rien n'est stable sur la terre. La vie est comme l'étincelle produite par le frottement du bois. Elle s'allume et elle s'éteint, nous ne savons ni d'où elle est venue, ni où elle va... Il doit y avoir quelque science suprême où nous pourrions trouver le repos. Si je l'atteignais, je pourrais apporter aux hommes la lumière. Si j'étais libre moi-même, je pourrais délivrer le monde... Ah ! malheur à la jeunesse que la vieillesse doit détruire ; ah ! malheur à la santé que détruisent tant de maladies ; ah ! malheur à la vie où l'homme reste si peu de jours !... S'il n'y avait ni vieillesse, ni maladie, ni mort ! Si la vieillesse, la maladie, la mort, étaient pour toujours enchaînées ! » Et la méditation continue, étrange, sublime, désolée. « Tout phénomène est vide ; toute substance est vide ; en dehors il n'y a que le vide.... Le mal, c'est l'existence ; ce qui produit l'existence, c'est le désir ; le désir naît de la perception des formes illusoires de l'être. Tout cela, autant d'effets de l'ignorance. Donc, c'est l'ignorance qui est en réalité la cause première de tout ce qui semble exister. Connaître cette ignorance, c'est en même temps en détruire les effets[1]. »

Voilà le premier et le dernier mot du pessimisme. C'est là l'étrange pensée dans laquelle s'absorbe en ce moment quelque pieux Hindou, recherchant la trace des pas de Çakya-Mouni sur le marbre d'un temple de Bénarès. C'est le problème sur lequel méditent vaguement à cette heure des milliers de moines bouddhistes, dans la Chine, dans l'île

---

1. Max Muller, *Essai sur les religions*, traduction de M. Harris.

de Ceylan, dans l'Indo-Chine, dans le Népal, au fond de leurs couvents et de leurs pagodes, enivrés de rêveries et de contemplations sans fin ; tel est le texte sacré qui sert d'aliment à tous ces bonzes, à tous ces prêtres, à tous ces théologiens du *Triptaka* et du *Lotus de la bonne loi*, à ces multitudes qui pensent et qui prient d'après eux et qui se comptent par centaines de millions. C'est aussi le lien mystérieux qui unit ces pessimistes de l'extrême Orient, du fond des siècles et à travers l'espace, à ces philosophes raffinés de l'Allemagne contemporaine, qui, après avoir traversé toutes les grandes espérances de la spéculation, après avoir épuisé tous les rêves et toutes les épopées de la métaphysique, en viennent, saturés d'idées et de science, à proclamer le néant de toutes choses et répètent avec un désespoir savant le mot d'un jeune prince indien, prononcé il y a plus de vingt-quatre siècles sur les bords du Gange : « Le mal, c'est l'existence. »

On comprend maintenant en quel sens et dans quelle mesure il est vrai de dire que la maladie du pessimisme est une maladie essentiellement moderne. Elle est moderne par la forme scientifique qu'elle a prise de nos jours, elle est nouvelle dans les civilisations de l'Occident. Quelle étrange chose en effet que cette renaisance à laquelle nous assistons du pessimisme bouddhiste, avec tout l'appareil des plus savants systèmes, au cœur de la Prusse, à Berlin ! Que 300 millions d'Asiatiques boivent à longs traits l'opium de ces fatales doctrines qui énervent et endorment la volonté, cela est déjà fort extraordinaire ; mais qu'une race énergique, disciplinée, si fortement constituée pour la science et pour l'action, si pratique en même temps, âpre calculatrice, belliqueuse et dure, le contraire à coup sûr d'une race sentimentale, qu'une nation formée de ces robustes et vivaces éléments fasse un triomphal accueil à ces théories du désespoir révélées par Schopenhauer, que son optimisme militaire accepte avec une sorte d'enthousiasme l'apologie de la mort et du néant, voilà ce qui au premier abord semble inexplicable. Et ce succès de la doctrine née sur les bords du

Gange ne s'arrête pas aux bords de la Sprée. L'Allemagne tout entière est devenue attentive à ce mouvement d'idées. L'Italie, avec un grand poète, avait devancé le courant; la France, comme nous le verrons, l'a suivi dans une certaine mesure; elle aussi, à l'heure où nous sommes, elle a ses pessimistes. La race slave n'a pas échappé à cette étrange et sinistre influence. Voyez cette propagande effrénée du nihilisme dont s'effraie, non sans raison, l'autorité spirituelle et temporelle du tsar et qui répand à travers la Russie un esprit de négation effrontée et de froide immoralité. Voyez surtout cette monstrueuse secte des *skopsy*, des mutilés, dont on nous a décrit les ravages[1], et qui, « faisant un système moral et religieux d'une dégradante pratique des harems d'Orient, matérialisant l'ascétisme et le réduisant à une opération de chirurgie, » proclament par ce honteux et sanglant sacrifice que la vie est mauvaise et qu'il est bon d'en tarir la source. C'est

---

1. *L'Empire des tzars et les Russes*, par M. Anatole Leroy-Beaulieu, *Revue des Deux-Mondes* du 1ᵉʳ juin 1875.

la forme la plus dégradée du pessimisme, soit ; mais c'en est aussi l'expression la plus logique. C'est du pessimisme à l'usage de natures grossières et forcenées qui vont tout de suite au bout du système, sans s'arrêter aux inutiles élégies, aux élégantes bagatelles des beaux esprits qui se plaignent toujours et ne concluent jamais.

CHAPITRE II

Le Pessimsime au xix⁰ siècle. — Le poète du pessimisme, Leopardi. — La théorie de l'*infelicità*.

Regardons de plus près dans la philosophie moderne du pessimisme et tâchons d'en saisir les premiers symptômes au XIX⁰ siècle. L'occasion nous en est donnée par la publication d'études approfondies que de jeunes écrivains ont consacrées dans ces dernières années à Leopardi, et qui, renouvelant sur certains points le sujet[1], nous permettent de mieux com-

---

1. *Giacomo Leopardi, sa vie et ses œuvres*, par M. Bou-

prendre le caractère intime de son œuvre. M. Bouché-Leclercq s'est montré interprète délicat et fin de l'âme et de la poésie de Leopardi. Pourquoi semble-t-il craindre d'appuyer sur la pensée philosophique? On sent à la fois chez lui l'attrait et la défiance. Je sais gré à M. Aulard de s'être appliqué à mettre en relief la théorie du philosophe, trop souvent effacée par l'éclat sombre du poète et le lyrisme du patriote, et d'en avoir fait comme le point central de ses études. J'aurais souhaité encore plus de hardiesse et de décision dans l'exécution de cette idée. Qu'importe que Leopardi soit moins dogmatique que les philosophes allemands, qu'il n'ait pas de système, et que son pessimisme dérive d'une négation universelle au lieu d'être une déduction métaphysique? Est-ce que l'absence de tout système n'est pas elle-même un système et qui a fait quelque figure dans le monde, puisqu'il est celui des sceptiques? Or nous

---

ché-Leclercq. — *Essai sur les idées philosophiques et l'inspiration poétique de G. Leopardi, suivi d'œuvres inédites*, etc., par M. Aulard.

dit que Schopenhauer veut faire école, et en effet qu'il a fait école, tandis que Leopardi, tout en parlant plusieurs fois de « sa philosophie, » n'écrit pas pour propager sa doctrine. Qu'en sait-on? Est-ce qu'un homme, poète ou philosophe, écrit pour autre chose que pour répandre ses idées, et n'est-ce pas les propager que les exprimer avec tant d'éclat et de force? Ce sont là de médiocres raisons. Je regrette que M. Aulard, ayant été mis sur la voie d'un si intéressant problème, ne l'ait pas résolu; mais il nous a mis à même de le résoudre par la variété des documents qu'il met à notre disposition.

C'était une bonne fortune, s'il en fut, que l'en-tête de ce chapitre : *Leopardi et Schopenhauer*, dont l'idée a dû être fournie au jeune auteur par un dialogue de M. de Sanctis, inséré dans ses *Essais* et qui porte le même titre. — Pourquoi n'est-ce là qu'un chapitre épisodique, un des plus maigres du livre, au lieu d'en être le couronnement? Relevons dans ces pages trop brèves ce fait curieux qu'il y a eu éclosion à peu près simultanée des mêmes idées dans le poète italien et dans le philosophe allemand, sans qu'on puisse saisir aucune influence directe de l'un sur l'autre. C'est précisément dans l'année 1818, tandis que dans sa solitude amère et ennuyée de Recanati s'accomplissait chez Leopardi cette phase si grave qui le faisait passer presque sans transition du christianisme à la philosophie du désespoir, c'est dans cette même année que Schopenhauer partait pour l'Italie, après avoir remis à un éditeur son manuscrit du *Monde considéré comme volonté et comme représentation*. L'un confiné dans la petite ville qui servait de prison à son imagination ardente, l'autre impatient de la célébrité qui devait tarder plus de vingt années, également obscurs alors, les deux écrivains ne se rencontrèrent assurément pas, et il est plus que probable que Leopardi ne lut jamais le livre de Schopenhauer, qui ne devait se répandre que beaucoup plus tard même en Allemagne; mais il est certain aussi, et M. Aulard a eu le tort de l'ignorer, que Schopenhauer connut les poésies de Leopardi ; il en fait mention, une fois au moins, sans leur donner pourtant, à beaucoup près, l'importance qu'elles ont dans l'histoire du système.

Quant à la question de savoir si Leopardi a droit à être placé parmi les philosophes, il suffit, pour la résoudre, de rapprocher la théorie de l'*infelicità* de ce qu'on a appelé « le mal du siècle, » la maladie de Werther et de Jacopo Ortis, celle de Lara et de René, celle de Rolla[1]. C'est à tort qu'on a parlé du pessimisme de lord Byron ou de celui de Chateaubriand ; ce n'est, à bien prendre les choses, qu'une forme du romantisme, l'analyse idolâtre et maladive du *moi* du poète, concentré respectueusement en lui-même, se contemplant jusqu'à ce qu'il se produise en lui une sorte d'extase douloureuse ou d'ivresse, remerciant Dieu « de l'avoir fait puissant et solitaire[2], » opposant sa souffrance et son isolement aux jouissances de la vile multitude, payant de ce prix sa

---

1. Voir sur ce point M. Bouché-Leclercq, p. 75-76.
2. Alfred de Vigny, *Moïse*.

grandeur et s'efforçant de faire de la poésie un autel digne de la victime.

L'antiquité, qui sur ce point était de l'avis de Pascal, haïssait le moi et le proscrivait : les mœurs, d'accord avec le goût public, souffraient difficilement ces épanchements d'une personnalité pleine d'elle-même, naturellement portée à donner trop d'importance à ses tristesses et à ses joies. Les dieux, les héros, la patrie, les combats, les jeux tragiques de la fatalité, l'amour aussi sans doute, mais dans l'expression de ses sentiments généraux, non dans l'analyse des incidents biographiques, voilà le fond de la poésie antique; la poésie personnelle est rare. Cette source d'inspiration, si longtemps comprimée, a jailli de notre temps, à quelle hauteur et avec quelle abondance, on le sait. De ce culte parfois extravagant du moi est sorti le lyrisme contemporain avec ses grandeurs et ses petitesses, ses inspirations sublimes et ses infatuations ; de là toutes ces douleurs littéraires qui ont agité si profondément, ému toute une génération, et que les générations nouvelles, avec leur éducation scientifique et positive, ont quelque peine à prendre au sérieux. Mais ces hautaines ou élégantes tristesses ne sont rien moins que philosophiques, elles ne procèdent pas d'une conception sur le monde et sur la vie; parties du moi, elles y reviennent, elles s'y enferment, elles s'y complaisent avec un délicat orgueil; elles se garderaient, comme d'une profanation, de tout partage avec la foule. Ce n'est pas l'humanité qui souffre, c'est le poëte, c'est-à-dire une nature d'exception. Pour que de pareilles souffrances puissent se ramener à une théorie, ce n'est pas tant la sincérité ou la profondeur qui leur manquent que la généralité du sentiment où elles s'inspirent. Le pessimisme au contraire ne fait pas de la douleur un privilège, mais une loi; il ne crée pas une aristocratie de désolés. La seule supériorité qu'il revendique pour le génie, c'est de voir distinctement ce que la foule humaine sent confusément. C'est l'existence tout entière et en soi qu'il assimile au malheur, et cette loi de souffrir, il l'étend de l'homme à la nature, de la nature à son principe, s'il y en a un et si ce principe arrive à se connaître.

— Le mal subjectif pourrait n'être qu'un accident insignifiant dans le monde : c'est le mal objectif qu'il faut voir, le mal impersonnel, absolu, qui règne à tous les degrés et dans toutes les régions de l'être. Cela seul est une philosophie : le reste est de la littérature, de la biographie ou du roman.

Or, incontestablement, tel est le caractère de la théorie de l'*infelicità* dans Leopardi. Il a sans doute beaucoup souffert, de toutes manières, et des disgrâces physiques qui pesèrent d'un poids si lourd sur sa jeunesse, et d'une santé ruinée qu'il traîna à travers sa vie comme une menace perpétuelle de mort, de cet ennui exaspéré qui le consuma dans sa petite ville, de la pauvreté dont il connut les plus humiliants soucis, et surtout de cette sensibilité nerveuse qui transformait en supplice intolérable les moindres contrariétés, à plus forte raison les amertumes de l'ambition déçue, les déceptions plus amères encore d'un cœur amoureux de l'amour et qui n'en put saisir que le fantôme. — Oui, il a bien souffert. Malgré tout, sa théorie n'est pas uniquement et il ne consent pas lui-même qu'on y voie l'expression de ses souffrances : si elle procède d'une expérience, c'est d'une expérience généralisée, elle se transforme en un ensemble de conceptions raisonnées et liées sur la vie humaine.

Il faut voir comme le philosophe, que Leopardi a senti de bonne heure s'éveiller en lui, se défend de n'avoir jeté dans le monde que le cri de sa douleur intime, comme il redoute d'exposer son cœur en pâture à la curiosité publique, avec quelle fierté il rejette l'aumône des sympathies qu'il n'a pas sollicitées et qui le font rougir : « Ce n'est, écrit-il à un ami, que par un effet de la lâcheté des hommes, qui ont besoin d'être persuadés du mérite de l'existence, que l'on a voulu considérer mes opinions philosophiques comme le résultat de mes souffrances particulières, et que l'on s'obstine à attribuer à *mes circonstances matérielles* ce qu'on ne doit qu'à mon entendement. Avant de mourir, je veux protester contre cette invention de la faiblesse et de la vulgarité, et prier mes lecteurs de s'attacher à détruire mes observations et mes raisonnements plutôt que d'accuser mes maladies[1]. » Qu'il y ait un lien entre les malheurs de cette vie et la dure philosophie dans laquelle se réfugia le poète comme dans un dernier asile, cela n'est pas douteux ; il n'est pas possible de détacher la figure souffrante de Leopardi du fond monotone de ses peintures et de ses doctrines[2] ; mais il faut reconnaître que, par un effort méritoire de liberté intellectuelle, il efface autant qu'il est possible la trace de ses souvenirs personnels dans la solution qu'il donne au problème de la vie. Il élève cette solution à un degré de généralité où commence la philosophie ; son pessimisme est bien un système, non une apothéose de sa misère. Par ce trait, que nous voulions mettre en lumière, il se

1. Lettre à M. de Sinner, 24 mai 1832 (écrite en français).

2. M. Aulard dépasse singulièrement la mesure quand, prenant au pied de la lettre la protestation de Leopardi, il réfute ce qu'il appelle la légende douloureuse formée par ses biographes.

distingue nettement de l'école des lyriques et des désespérés, où l'on a prétendu le confondre ; il n'a qu'une parenté lointaine avec les Rolla qui l'ont réclamé pour leur frère : il les dépasse par la hauteur du point de vue cosmique auquel il s'élève; il a voulu être philosophe, il a mérité de l'être, il l'est.

Jugeons-le donc comme il souhaite d'être jugé, et voyons avec quelle exactitude la théorie de l'*infelicità*, répandue à travers toutes les poésies et concentrée dans les *OEuvres morales*, rappelle ou plutôt annonce les inspirations de la philosophie allemande contemporaine.

Il n'y a que trois formes de bonheur possible pour l'humanité, trois manières de le comprendre et de le réaliser. On aura beau exciter et torturer son imagination pour inventer quelque félicité inédite, on peut être assuré que cette félicité espérée rentrera dans les cadres tracés d'avance, et c'est là déjà une preuve manifeste de la pauvreté de notre faculté de sentir et de la stérilité de la vie. — Oubien on croit pouvoir atteindre le bonheur dans le monde tel qu'il est, dans la vie actuelle et individuelle, soit par le libre exercice des sens, la richesse et la variété des sensations, soit par le développement des hautes facultés de l'esprit, la pensée, la science, l'art, et les nobles émotions qui en résultent, soit par l'activité héroïque, le goût de l'action, la passion du pouvoir et de la gloire. — Ou bien on transpose l'idée du bonheur, on le conçoit comme réalisable pour l'individu dans une vie transcendante après la mort : c'est l'espoir dans lequel se précipite la foule des souffrants, des pauvres, des méprisés du monde, des déshérités de la vie; c'est l'asile ouvert par les religions et particulièrement par le christianisme aux misères sans remède et aux douleurs sans consolation. — Ou bien enfin, se détournant de l'*au-delà* transcendant, on conçoit un *au-delà* terrestre, un monde meilleur que le monde actuel, que chaque génération prépare sur cette terre par ses travaux et ses épreuves. On fait le sacrifice du bonheur individuel pour assurer l'avénement de cet idéal nouveau, on s'élève à l'oubli de soi-même, à la conscience et à la volonté collectives, on jouit d'avance en idée de ce bonheur auquel on travaille et dont d'autres jouiront, on le *veut* pour ses descendants, on s'enivre de cette idée et des sacrifices qu'elle réclame. Ce noble rêve du bonheur de l'humanité future sur la terre par les découvertes de la science, par les applications de l'industrie, par les réformes politiques et sociales, c'est la philosophie du progrès, qui, dans certaines âmes enthousiastes, devient une religion. — Voilà les trois théories du bonheur dans lesquelles s'est épuisée l'imagination de l'humanité : ce sont « les trois stades de l'illusion humaine » de Hartmann, successivement et inutilement parcourus par les générations qui se remplacent sur la scène du monde et qui, changeant de foi sans changer de déception, ne font que s'agiter dans le cercle d'une infranchissable erreur, l'incorrigible croyance au bonheur.

Hartmann a tort de penser que ces trois stades d'illusion se succèdent. Ils sont simultanés, ils coexistent dans la vie de l'humanité, il n'y a jamais eu un temps où ils n'aient été représentés ; ce sont trois races éternelles d'esprits plutôt que trois âges historiques. A l'heure où j'écris, n'y a-t-il pas dans l'ample variété de la société contemporaine, des optimistes du temps présent, des optimistes de la vie future, des optimistes de l'âge d'or que le progrès fera éclore sur la terre ? De plus, ces divers stades, bien des hommes les parcourent dans une seule vie : tel d'entre nous a poursuivi successivement l'image du bonheur dans le rêve de la vie actuelle, dans la vie future, dans l'avenir de l'humanité. — Enfin, l'ordre de succession et de développement que marque M. de Hartmann n'est nullement un ordre rigoureux ; chaque homme peut parcourir ces diverses étapes dans un ordre tout différent, même dans un ordre inverse. Il n'est pas rare de voir une âme, après avoir traversé les illusions du bonheur terrestre et celles du progrès indéfini, s'arrêter et se reposer dans la foi à l'invisible et au divin ; et de même il n'est pas impossible que cette évolution s'accomplisse dans l'ordre contraire, commence par les plus nobles aspirations religieuses et s'achève dans l'indolence épicurienne.

Leopardi a traversé ces trois stades, il ne s'est arrêté dans aucun, il a décrit chacun d'eux, il nous a montré par des traits singulièrement énergiques pourquoi il ne s'y est pas reposé et la déraison des hommes qui pensent y trouver un'abri. Jusqu'à l'âge de dix-huit ans, son adolescence rêveuse ne franchit que par échappées les limites de la foi religieuse. Il emploie même les ressources déjà variées de son érudition à composer une sorte d'apologie de la religion chrétienne, l'*Essai sur les erreurs populaires des anciens* (1815). Mais déjà sous cette nomenclature des superstitions de l'antiquité, dieux et déesses, oracles, apparitions, magie, à côté d'apostrophes à « la religion tout aimable » qui le ravit et le console dans ses jeunes douleurs, il y a comme des percées du scepticisme futur. C'est à la même période de sa vie que se rapportent ses *Projets d'hymnes chrétiens*, qu'anime le sentiment précoce de l'universelle douleur. C'est bien un pessimiste qui s'adresse en ces termes au Rédempteur : « Tu savais tout depuis l'éternité, mais permets à l'imagination humaine que nous te considérions comme le plus intime témoignage de nos misères. Tu as éprouvé cette vie qui est la nôtre, tu en as connu le néant, tu as senti l'angoisse et l'infélicité de notre être... » Ou bien encore dans cette prière au Créateur : « Maintenant je vais d'espérance en espérance, errant tout le jour et t'oubliant, bien que toujours trompé... Un jour viendra où, n'ayant plus d'autre état auquel recourir, je mettrai tout mon espoir dans la mort, et alors je recourrai à toi... » Cette heure du recours suprême n'arriva pas ; ce fut au moment même où il jetait d'une main fiévreuse sur son papier mouillé de pleurs ces fragments d'hymne et de prière qu'il s'aperçut que l'abri de ses croyances s'était écroulé autour de lui, qu'il n'en restait rien ; il demeurait seul au milieu de tant de ruines, devant un monde vide et sous un ciel d'airain.

Son parti fut pris sans hésitation et sans retour : il passa d'une foi ardente à une sorte de scepticisme farouche et définitif, qui n'admit jamais ni incertitudes, ni combats, ni aucune de ces aspirations vers l'*au-delà* où se réfugie avec une sorte de volupté inquiète le lyrisme des grands poètes, nos contemporains. Rien de pareil chez Leopardi à ces troubles d'âme, à ces regrets ou à ces repentirs psychologiques dont l'expression est si touchante. Il reste inébranlable dans la solitude qu'il s'est faite. A peine quelques allusions dédaigneuses, en passant, « à la crainte des choses d'un autre monde. » Nulle part il n'est plus question de Dieu, même pour le nier. Le nom même est évité : quand il est contraint, comme poète, de faire intervenir un être qui en joue le personnage, c'est Jupiter. La Nature, principe mystérieux de l'être, proche parente de l'Inconscient de Hartmann, paraît seule en face de l'homme dans la méditation perpétuelle de l'inconnu qui accable le poète: c'est elle seule que l'homme interroge sur le secret des choses, aussi indéchiffrable pour elle que pour lui. « Je suis soumise au Destin, dit-elle, quelle qu'en soit la cause, cause que ni toi ni moi ne pourrons comprendre. » La Nature et le Destin, c'est-à-dire les lois aveugles et inexorables dont les effets seuls paraissent à la lumière, dont les racines plongent dans la nuit. Quand le poëte met en scène la curiosité de l'homme sur les grands problèmes, il a une manière toute particulière de brusquer le dénoûment. — Les momies de Ruysch ressuscitent pour un quart d'heure; elles racontent comment elles moururent. « Et ce qui suit la mort? » demande Ruysch; mais le quart d'heure est écoulé, les momies se taisent.

Ailleurs, dans un étrange dialogue, un Islandais errant, qui après avoir fui la société a fui la Nature, vient à la rencontrer face à face au fond du Sahara; il la presse de ses questions dont chacune est une plainte : « Pourquoi m'a-t-elle envoyé sans me consulter dans ce bas-monde? Pourquoi, puisqu'elle m'a fait naître, ne s'est-elle pas occupée de moi? Quel est donc son but? Que poursuit-elle? Que veut-elle? Est-elle méchante ou impuissante? » La Nature répond qu'elle n'a qu'un souci et qu'un devoir : tourner la roue de l'univers dans lequel la mort entretient la vie, et la vie la mort. « Mais alors, répond l'Islandais, puisque tout ce qui est détruit souffre, puisque ce qui détruit ne jouit pas et est bientôt détruit à son tour, dis-moi ce qu'aucun philosophe ne sait me dire : à qui plaît donc, à qui est utile cette vie malheureuse de l'univers qui ne subsiste que par la perte et par la mort de tous les éléments qui la composent ? » La Nature n'a pas la peine de répondre à son embarrassant interlocuteur : deux lions affamés se jettent sur lui et le dévorent, en attendant qu'ils tombent eux-mêmes épuisés sur le sable du désert.

Le silence, c'est la seule réponse à ces grandes curiosités, qui vont se heurter à un mur infranchissable ou se perdre dans le vide. Donc, plus de bonheur à espérer sous une forme transcendante. Voilà le premier stade d'illusion traversé par Leopardi, ou plutôt par l'humanité, qu'il porte en lui. Il a montré à l'homme la déraison de ses espérances fondées sur l'invisible. Mais au moins l'homme n'aura-t-il pas raison de jouir du présent, puisqu'il n'y a pas d'avenir, de chercher à agrandir son être par les grandes pensées et les grandes passions, de le confondre par une immolation sublime soit avec la patrie, que l'on fera héroïque, puissante et libre, soit avec un autre être auquel on fera le don de soi et que l'on enrichira de son propre bonheur ? Le patriotisme, l'amour, la gloire, que de raisons de vivre encore, même si le ciel est vide, combien de manières d'être heureux ! Et puisqu'il faut renoncer aux chimères de l'avenir, tout cela n'est-il pas bien solide et substantiel, tout cela n'est-il pas la réalité même, sous sa forme la plus noble et la plus belle, et ne vaut-elle pas qu'on vive ?

Certes, personne plus que Leopardi n'a senti en lui l'âme de la patrie. En lisant l'*Ode à l'Italie*, on croirait entendre tantôt un frère de Pétrarque, tantôt un rival d'Alfieri. Celui qui écrivait ces vers que toutes les mémoires italiennes ont retenus, que toutes les bouches répètent et qui ont valu sans doute bien des bataillons de volontaires au vaincu de Novare et au vainqueur de San Martino, celui-là sans doute est un grand patriote, mais c'est un patriote désespéré. Il aime sa patrie, mais il l'aime dans le passé : il ne croit pas à sa résurrection. Quand il a célébré en vers brûlants sa gloire évanouie, quand il a évoqué, pour la réveiller de son sommeil, le souvenir des guerres médiques et repris en l'achevant l'hymne interrompu de Simonide, le découragement le saisit devant l'Italie captive et résignée. Et déjà, dans les poésies de cette époque, quelle amertume ! « O glorieux ancêtres, conservez-vous encore quelque espérance de nous ? N'avons-nous pas péri tout entiers ? Peut-être le pouvoir de connaître l'avenir ne vous est-il pas ravi. Moi je suis abattu, et je n'ai aucune défense contre la douleur; obscur est pour moi l'avenir et tout ce que j'en distingue est tel que cela me fait paraître l'espérance comme un songe et comme une folie[1]. » Les grands Italiens, Dante, Tasse, Alfieri, pour qui ont-ils travaillé ? A

. *Ode à Angelo Mai.*

quoi en définitive ont abouti leurs efforts ? Les uns ont fini par ne plus croire à la patrie ; les autres se sont brisés dans une lutte insensée. Dante lui-même, qu'a-t-il fait ? Il a préféré l'enfer à la terre, tant la terre lui était odieuse. « L'enfer ! Et quelle région en effet ne vaut pas mieux que la nôtre ?... Et cependant moins pesant, moins mordant est le mal dont on souffre que l'ennui dont on étouffe. O heureux, toi dont pleurer fut la vie ! » Lui-même à son tour il descendit, vers la fin de sa vie, aux enfers dans le poème burlesque et tragique à la fois, le poème le plus long qu'il ait écrit (huit chants et près de trois mille vers), les *Paralipomènes de la Batrachomyomachie* ; mais ce fut pour railler durement et tristement l'illusion patriotique qui avait fait battre un instant son cœur. — Ici encore, comme sur bien d'autres points, nous pouvons prendre le pessimisme en défaut, voir combien il a tort contre l'espérance obstinée d'une nation, quel crime contre la vie et contre la patrie on peut commettre en décourageant ces grandes idées, en abattant les énergies viriles d'un homme ou d'un peuple. L'Italien eût été mieux inspiré que le poète s'il avait pu ne pas céder à un découragement prématuré, s'il avait lutté jusqu'au bout contre les défaillances des hommes et les trahisons de la fortune : trente ans plus tard, c'est le patriote qui aurait eu raison contre le désespéré.

Mais ce n'est pas seulement l'Italien qu'il faut voir dans Leopardi, c'est l'interprète de l'humanité. Ces grandes ombres antiques qu'il a consacrées par de si beaux chants, il les évoque pour leur faire proclamer à elles-mêmes la folie de leur héroïsme et le néant de leur œuvre : c'est Brutus le jeune qui, dès 1824, dans une ode fameuse, jette l'anathème à ces dévouemens qui étaient la foi de l'antiquité, et abdique son patriotisme stérile : « Non, je n'invoque en mourant ni les rois de l'Olympe et du Cocyte, ni la terre indigne, ni la nuit, ni toi, dernier rayon de la mort noire, ô mémoire de la postérité ! Quand est-ce qu'une tombe dédaigneuse fut apaisée par les sanglots et ornée par les paroles ou les dons d'une vile multitude ? Les temps se précipitent vers le pire, et l'on aurait tort de confier à nos neveux pourris l'honneur des âmes illustres et la suprême vengeance des malheureux. Qu'autour de moi l'avide oiseau noir agite ses ailes ! Que cette bête m'étouffe, que l'orage entraîne ma dépouille ignorée, et que l'air emporte mon nom et ma mémoire ! »

La gloire littéraire, cette gloire pour laquelle Leopardi lui-même avoue qu'il a une passion immodérée, vaut-elle la peine qu'on se donne pour l'acquérir ? *Il Parini* nous fait voir clairement à quoi se réduit ce fantôme. On croirait lire une page de Hartmann, tant se ressemblent les arguments des deux pessimistes. — Personne, nous dit Hartmann, ne niera qu'il en coûte beaucoup pour produire une œuvre. Le génie ne tombe pas du ciel tout formé : l'étude qui doit le développer, avant qu'il soit mûr pour porter des fruits, est une tâche pénible, fatigante, où les plaisirs sont rares d'ordinaire, sauf peut-être ceux qui naissent de la difficulté vaincue et de l'espérance. Si, au prix d'une longue préparation, on s'est mis en état de produire quelque chose, les seuls moments heureux sont ceux de la conception ; mais bientôt leur succèdent les luttes de l'idée contre l'expression matérielle de chaque art. Si l'on n'était pas pressé par le désir d'en finir, si l'ambition ou l'amour de la réputation n'aiguillonnait pas l'auteur, si des considérations extérieures ne lui commandaient pas de se hâter, si enfin le spectre bâillant de l'ennui ne se dressait pas derrière la paresse, le plaisir qu'on se promet de la production ne suffirait pas à en faire oublier les fatigues. Et la critique envieuse et indifférente ! et le public si restreint et si peu compétent ! Qu'on se demande combien d'hommes en moyenne sont accessibles d'une manière sérieuse aux jouissances de l'art et de la science[1]. — Cette page de M. de Hartmann peut servir de commentaire aux arguments d'*Il Parini*. La conclusion est dure : « Qu'est-ce qu'un grand homme ? Un nom qui bientôt ne représente plus rien. L'idée du beau change avec le

---

1. *Philosophie de l'Inconscient*, IIIe partie, XIIIe chapitre.

temps. Quant aux œuvres scientifiques, elles sont bientôt dépassées et oubliées. Le plus médiocre mathématicien de nos jours en sait plus que Galilée et Newton. Donc la gloire est une ombre, et le génie dont elle est l'unique récompense, le génie est un présent funeste à qui le reçoit. »

Reste l'amour, dernière consolation possible de la vie présente, ou plutôt dernière illusion, mais la plus tenace, qu'il faut dissiper pour se bien convaincre que la vie est mauvaise et que la plus heureuse ne vaut pas le néant. C'est une erreur comme les autres, mais qui persiste plus longtemps que les autres, parce que les hommes y croient saisir une dernière ombre de bonheur, après qu'ils ont été trompés par tout le reste. *Error beato*, dit le poète. — Erreur, soit; qu'importe, si cette erreur nous rend heureux ? — Non, elle ne nous rend pas heureux, même en nous trompant et nous attirant sans cesse; c'est une fascination toujours renaissante qui nous laisse chaque fois plus désolés et qui autant de fois ressaisit notre cœur, épris de son erreur même. La lutte de l'homme avec ce fantôme qui revient hanter son imagination, qui ne se laisse conjurer ni par la colère, ni par le dépit, ni par le dédain, ni par l'oubli, avec quelle éloquence elle est décrite dans les *Ricordanze*, dans le *Risorgimento*, dans *Aspasie* surtout ! On sait l'histoire des infortunes amoureuses du poète, pour qui aimer ne fut qu'une occasion de souffrir. Deux fois surtout son cœur fut pris et deux fois brisé ; aux deux extrémités de sa courte vie, le fantôme passa près de lui, fit briller la joie à ses yeux, un éclair de joie bien fugitif, et après que le fantôme eut passé, le poète, qui avait cru le saisir et l'étreindre, resta plus seul et plus triste. — Que voulez-vous ? le poète était gauche et contrefait, il n'avait que du génie. Schopenhauer lui aurait expliqué son cas en deux mots : « La bêtise, dit ce terrible humoriste, ne nuit pas près des femmes. Ce serait plutôt le génie qui pourrait leur déplaire comme une monstruosité. Il n'est pas rare de voir un homme pesant et grossier supplanter près d'elles un homme plein d'esprit et en tout digne d'amour. »

D'ailleurs qu'attendre des femmes ? ajoutait-il, se souvenant d'une épigramme grecque : elles ont les cheveux longs et les idées si courtes !

Leopardi ne se vengea pas d'Aspasie avec la même brutalité, il resta poète dans sa vengeance ; mais son ironie n'en est pas moins cruelle pour être plus fine. Relisons l'élégie qui porte ce nom et dans laquelle son cœur s'est épanché. Au fond, il se rend compte de son erreur ; c'est celle de presque tous les hommes, de ceux du moins qui ont de l'imagination : ce n'est pas la femme qu'il a aimée, c'est la beauté, dont il a cru saisir en elle un rayon. C'est la fille de son imagination que l'amoureux caresse du regard, c'est *une idée*, toute pareille à la femme que l'amant ravi, dans son extase confuse, croit aimer. Ce n'est pas celle-ci, mais bien l'*autre* que, même dans ses étreintes, il poursuit et adore. A la fin, reconnaissant son erreur, et voyant qu'il s'est trompé d'objet, il s'irrite et souvent accuse la femme, mais à tort. Rarement l'esprit féminin atteint à la hauteur de cette conception, et ce qu'inspire à des amants bien nés sa propre beauté, la femme n'y songe pas et ne pourrait le comprendre. « Il n'y a pas de place dans ces fronts étroits pour une pensée aussi grande. » Ce sont de fausses espérances que l'homme trompé se forge sous l'éclair vivant de ces regards ; c'est en vain qu'il demande des sentiments profonds, inconnus et plus que virils, à cet être fragile et faible. Non, ce n'est pas toi que j'aimais, s'écrie le poète, mais cette déesse qui a vécu dans mon cœur et qui y est ensevelie. — La beauté, l'*angelica beltade*, dont le mirage trompeur fait tout le charme de la femme sur laquelle il se pose, Leopardi l'a chantée encore dans le *Pensiero dominante*. Mais qu'est-ce donc que cette beauté qu'il célèbre ainsi ? Qu'est-elle en soi, cette chose qui n'est qu'une idée, ce *dolce pensiero* ? Il nous le dit : elle-même est une chimère, l'ombre d'un rien, mais qui, toute vaine qu'elle est, s'attache à nous opiniâtrément et nous suit jusqu'à la tombe.

Si la beauté n'est qu'une chimère, si l'amour qui en poursuit le reflet n'est lui-même qu'une autre chimère, l'ombre d'une ombre, nous pouvons comprendre par là un des plus étonnants phénomènes de la psychologie de l'amour, l'association inévitable de cette idée et de celle de la mort. « L'amour est fort comme la mort, » — « la femme est amère comme la mort, » ces mélancoliques paroles reviennent souvent dans le *Cantique des cantiques*, dans l'*Ecclésiaste*, dans les *Proverbes*. Ce rapprochement, si fréquent, dans les inspirations de Salomon, abonde aussi chez les lyriques; il se rencontre dans les pages passionnées de madame de Staël, et dans la littérature contemporaine il est devenu un des thèmes favoris de nos poètes. Mais nulle part il n'a été l'occasion d'un effort aussi grand que celui de Leopardi pour nous bien convaincre de ce fait étrange. « C'est un couple fraternel que l'Amour et la Mort : le destin les engendra en même temps. De choses aussi belles, il n'y en a point dans le monde d'ici-bas, il n'y en a point dans les étoiles. De l'un naît le plaisir le plus grand qui se trouve dans la mer de l'être; l'autre assoupit les grandes douleurs[1]... » Lorsque commence à naître au fond du cœur la passion de l'amour, en même temps qu'elle, s'éveille dans le cœur un désir de mourir, plein de langueur et d'accablement. Comment? Je ne sais ; mais tel est le premier effet d'un amour vrai et puissant. La jeune fille elle-même, timide et réservée, qui d'ordinaire au nom de la mort sent se dresser ses cheveux, ose la regarder en face, dès qu'elle aime, et dans son âme ignorante elle comprend la douceur de mourir, *la gentilezza del morir*.

Essayons d'analyser ce singulier phénomène. Peut-être, quand on aime, ce désert du monde épouvante-t-il le regard : on voit désormais la terre inhabitable sans cette nouvelle, unique, infinie félicité que nous imaginons. Peut-être aussi l'amant pressent-il la terrible tourmente qu'elle doit soulever dans son cœur, en même temps que la lutte des

---

1. Voir Bouché-Leclercq, ouvrage cité, p, 245. — Ce serait une étude curieuse et piquante, pour se rendre compte de l'analogie des inspirations dans le contraste des tempéraments, que de comparer cette pièce mélancolique de Leopardi avec le poème ardent et tragique de L. Ackermann : l'*Amour et la Mort*.

hommes, la fortune et la société conjurées contre lui ; peut-être enfin est-ce le secret effroi de ce qu'il y a d'éphémère dans tout ce qui est humain, la défiance douloureuse de soi-même et des autres, la crainte de ne plus aimer ou de ne plus être aimé un jour et qui semble plus insupportable à ceux qui aiment que le néant même. — C'est un fait que les grandes passions sentent instinctivement que la terre ne peut les contenir et qu'elles feront éclater le vase fragile du cœur qui les a reçues : elles s'élancent avec une sorte de volupté dans le vague infini de la mort. Voilà ce que nous suggère le poète dont la pensée, malgré un grand effort, reste parfois indécise, et à la page suivante, sous ce titre expressif *A se stesso*, nous trouvons, un commentaire tout personnel de ses dernières désillusions sur l'amour et les biens de la terre : « Et maintenant tu te reposeras pour toujours, mon cœur fatigué. Elle a péri, l'erreur suprême que j'ai crue éternelle pour moi. Elle a péri. En moi, je le sens, non-seulement l'espoir, mais le désir même des chères erreurs est éteint.

Repose-toi pour toujours. Tu as trop palpité. Aucune chose ne mérite tes battements, et la terre n'est pas digne de tes soupirs. Amertume et ennui, voilà la vie ; elle n'est rien autre : le monde n'est que fange. Repose-toi désormais. Désespère à jamais. A notre race le destin n'a donné que de mourir. Désormais méprise toi, la nature et cette puissance occulte et brutale qui travaille sans relâche au mal universel ; — méprise l'infinie vanité de tout[1]. » Pauvre poète ! Quel homme n'a écrit cette épitaphe sur la tombe où il a cru ensevelir son cœur, et quel homme ne l'a plus d'une fois et douloureusement démentie ?

Ainsi chassé de refuge en refuge, du patriotisme stérile et méconnu à la gloire, de la gloire à l'amour, l'homme ne trouvera-t-il pas au moins une consolation, un bonheur même, dans le sacrifice de son bonheur à celui des

---

1. Nous nous servons généralement de la traduction de M. Aulard, en nous réservant toutefois de la modifier, à l'occasion, comme nous l'avons fait dans les dernières lignes de ce morceau, où il nous semble que le traducteur s'est mépris : « *Omai disprezza Te, la natura etc.* »

générations futures, dans cette grande pensée du progrès qui mérite qu'on y travaille sans relâche, qui fait que rien ne se perd dans le labeur humain, et qui relève la misère du monde actuel comme étant le prix et la rançon de la félicité inconnue dont jouiront nos descendants? — C'est le *troisième stade d'illusion*; Leopardi le mesure, comme les deux autres, d'un regard intrépide qui, plutôt que de s'égarer sur des chimères, aime mieux voir clairement ce qui est et ce qui sera toujours, « le mal de tous et l'infinie vanité de tout. »

Non, l'avenir ne sera pas plus heureux que le présent, il sera même, il doit être plus misérable. — Le progrès! mais d'où l'homme pourra-t-il en tirer le principe et l'instrument? De la pensée, sans doute, mais la pensée est un don fatal; elle ne sert qu'à augmenter notre malheur en l'éclairant. Mieux vaut mille fois être aveugle, comme la brute ou comme la plante. Que nous voilà loin du roseau pensant! — Le berger, errant sur les monts de l'Himalaya, s'adresse à la lune, condamnée comme lui à un éternel labeur; il la prend à témoin que les bêtes qu'il garde sont plus heureuses que lui : elles au moins ignorent leur misère, elles oublient vite tout accident, toute crainte qui traverse leur existence, elles n'éprouvent pas l'ennui[1]. — Voyez le genêt ; il croît heureux et calme sur les flancs du Vésuve, tandis qu'à ses pieds dorment tant de villes ensevelies, tant de populations prises par la mort dans le plein triomphe et l'orgueil de la vie. Lui aussi, cet humble genêt, il succombera un jour à la cruelle puissance du feu souterrain, mais du moins il périra sans avoir dressé son orgueil vers les étoiles, d'autant plus sage et plus fort que l'homme, qu'il ne se sera pas cru immortel comme lui[2]. Leopardi retourne cruellement le mot de Pascal : « Quand l'univers l'écraserait, l'homme serait encore plus noble que lui, parce qu'il sait qu'il meurt et l'avantage que l'univers a sur lui. — L'univers n'en sait rien[3]. » C'est là précisément notre infériorité,

---

1. *Canto d'un pastor errante.*
2. *La Ginestra.*
3. Nous adoptons le texte de cette pensée célèbre, tel que M. Havet l'a établi, avec une différence de ponctuation qui modifie le texte ordinaire et donne à la pensée

selon Leopardi : savoir sans rien pouvoir. La plante et l'animal ne savent rien de leur misère ; nous mesurons la nôtre. Et cette souffrance ne tend pas à décroître dans le monde, au contraire ; les âmes les plus éclairées, les plus délicates, acquièrent seulement plus d'aptitude à souffrir ; les peuples les plus civilisés sont les plus malheureux. C'est là aussi, on le sait, le thème perpétuel du pessimisme allemand. La conscience du malheur rend le malheur plus profond et plus incurable : la misère des hommes et celle des nations se développent en proportion de leur cerveau, à mesure que leur système nerveux se perfectionne, s'affine et leur procure des instruments plus délicats, des organes plus subtils pour sentir leur mal, pour en accroître l'intensité, pour l'éterniser par la prévision et par le souvenir. Tout ce que l'homme ajoute à sa sensibilité et à son intelligence, il l'ajoute à sa souffrance.

---

un tour plus énergique et saisissant, tout-à-fait dans le génie de Pascal.

— Tel est le sens, devenu clair à l'aide de cette interprétation, de plusieurs dialogues étranges et obscurs, *le Gnome et le Follet, Éléandre et Timandre, Tristan et son ami*, et de cette *Histoire du genre humain* où l'on voit se renouveler, après chaque grande période, ce dégoût des choses dont les hommes avaient souffert à la période précédente, et croître cet amer désir d'une félicité inconnue qui fait leur tourment, parce qu'elle est étrangère à la nature de l'univers. Jupiter se lasse de combler cette race ingrate de ses dons, qui tournent si mal et reçoivent un si mauvais accueil. Il est vrai que le premier de ces bienfaits avait été de mêler à la vie de véritables maux pour distraire l'homme de son mal illusoire et pour accroître par le contraste le prix des biens réels : Jupiter n'avait imaginé rien de mieux pour cela que d'envoyer à l'homme une multitude de maladies variées et la peste. Puis, observant que le remède n'agit pas à son gré et que l'homme s'ennuie toujours, il crée les tempêtes, il invente la foudre, il lance des comètes et règle des éclipses, pour jeter l'épouvante parmi les mortels et les réconcilier avec la vie par la crainte de la perdre. Enfin il les gratifie d'un incomparable présent, il envoie parmi eux quelques fantômes de figures excellentes et surhumaines qui furent appelés Justice, Vertu, Gloire, Amour de la patrie, et les hommes furent plus tristes encore, plus tristes que jamais et plus pervers.

Le dernier et le plus funeste présent accordé aux hommes fut la Vérité. On se trompe quand on dit et qu'on prêche que la perfection de l'homme consiste dans la connaissance du vrai, que tous ses maux proviennent des idées fausses et de l'ignorance. C'est tout le contraire, car la vérité est triste. La vérité, qui est la substance de toute philosophie, doit être soigneusement cachée à la plus grande partie des hommes, sans quoi ils croiseraient leurs bras et se coucheraient par terre en attendant la mort. Entretenons avec soin parmi eux les opinions que nous savons fausses, et le mensonge deviendra leur vrai bienfaiteur. Exaltons les idées chimériques qui font naître les actes et les pensées nobles, les dévoûmens et les vertus utiles au bien général, ces imaginations belles et heureuses qui seules donnent du prix à la vie. — Mais la Vérité, une fois entrée dans le monde, fait son œuvre, et toutes ces illusions qui rendaient l'existence tolérable tombent une à une ; voilà le progrès, le seul.

La science au moins, à défaut de la philosophie, n'est-elle pas faite pour nous consoler par ses magnifiques découvertes et ses progrès ? On croirait que le savant qui a participé aux grands travaux de la philologie de son temps, qui a connu les érudits illustres, depuis Angelo Mai jusqu'à Niebuhr, émule lui-même de ces savants, et destiné, s'il l'eût voulu, à un grand renom d'helléniste, on croirait qu'il va pardonner à la science. Point ; nous apprenons avec étonnement que la science du XIXe siècle est en baisse, et par la qualité et par la quantité des savants. Le savoir ou, comme on dit, les lumières gagnent en étendue sans doute, mais plus s'accroît la volonté d'apprendre, plus s'affaiblit la faculté d'étudier : les savants sont moins nombreux qu'il y a cent cinquante ans. Et qu'on ne dise pas que le capital intellectuel, au lieu d'être accumulé dans certaines têtes, se répartit entre beaucoup et gagne à cette division. Les connaissances ne sont pas comme les richesses qui, divisées ou agglomérées, font toujours la même somme. Là où tout le monde sait un peu, on sait fort peu ; l'instruction superficielle peut être, non pas précisément divisée entre beaucoup d'hommes, mais commune à beaucoup d'ignorants. Le reste du savoir n'appartient qu'aux savants, et où sont-ils, les vrais savants, sauf peut-être en Allemagne ? En Italie et en France, ce qui croît sans cesse, c'est la science des résumés, des compilations, de tous ces livres de facture qui s'écrivent en moins de temps qu'il n'en faut pour les lire, qui coûtent ce qu'ils valent et qui durent en proportion de ce qu'ils ont coûté.

Ce siècle est un siècle d'enfants, qui, comme de vrais enfants, veulent tout faire tout d'un coup sans travail approfondi, sans préparation sérieuse. — Mais quoi ? ne voulez-vous pas tenir compte de l'avis des journaux, qui disent tout le contraire ? — Je le sais, répond Tristan, qui n'est autre que Leopardi, ils assurent tous les jours que le XIXe siècle est le siècle des lumières, et qu'ils sont, eux, la lumière du siècle : ils prétendent aussi que la démocratie est une grande chose, que les individus ont disparu devant les masses, que les masses font toute l'œuvre que faisaient autrefois les individus, par une sorte d'impulsion inconsciente ou de contrainte divine. Laissez faire les masses, nous dit-on ; mais, étant composées d'individus, que voulez-vous qu'elles fassent sans les individus ? Or, les individus, on les décourage en ne leur laissant plus rien à espérer, pas même cette misérable récompense de la gloire. On les discute, on les injurie, on les force à se mettre au pas de tout le monde. C'est en cela seulement, quoi qu'en disent les journaux que Leopardi poursuit de ses épigrammes et de sa colère, c'est en cela que ce siècle diffère des autres. Dans tous les autres, comme dans celui-ci, la grandeur a été très rare ; seulement, dans tous les autres, c'est la médiocrité qui a dominé : dans celui-ci, c'est la nullité. — Mais c'est un siècle de transition. — La belle excuse ! Est-ce que tous les siècles n'ont pas été et ne seront pas des siècles de transition? La société humaine ne s'arrête jamais, et son jeu perpétuel est de passer d'un état à un autre.

« Je me garde bien de rire des desseins et des espoirs des hommes de mon temps; je leur désire, de toute mon âme, le meilleur succès possible;... mais je ne les envie ni eux, ni nos descendants, ni ceux qui ont à vivre longuement. En d'autres temps, j'ai envié les fous et les sots, et ceux qui ont une grande opinion d'eux-mêmes, et j'aurais volontiers changé avec n'importe qui d'entre eux. Aujourd'hui, je n'envie plus ni les fous ni les sages, ni les grands ni les petits, ni les faibles ni les puissants : *j'envie les morts*, et ce n'est qu'avec les morts que je changerais. » Tel est le dernier mot de Tristan sur la vie et sur l'histoire, sur le xixᵉ siècle et le progrès. C'est toujours le refrain lugubre : *l'infinita vanità del tutto*.

Voilà les trois formes de l'illusion humaine épuisées ; il ne reste plus rien à espérer ni dans le présent, ni dans l'avenir du monde, ni dans un au-delà que personne ne connaît. Nous ne devons plus nous étonner de ces tristes aphorismes qui ne sont que la conclusion de l'expérience résumée des choses, et qui reviennent à chaque instant dans l'œuvre de Leopardi, à chaque strophe, à chaque page : la vie est un mal ; même sans la douleur, elle est un mal encore. — Il n'y a pas de situation si malheureuse qu'elle ne puisse empirer ; la fortune sera toujours la plus forte, elle finira par rompre la fermeté même du désespoir. — Quand finira l'*infelicità* ? Quand tout finira. — Les pires moments sont encore ceux du plaisir. — Pas une existence ne vaut mieux, n'a valu et ne vaudra mieux que le néant, et la preuve en est que personne ne voudrait la recommencer. Écoutez le dialogue d'*un Marchand d'almanachs* et d'*un Passant* :

« Almanachs ! almanachs nouveaux ! Calendriers nouveaux ! Des almanachs pour l'année nouvelle ? — Oui, monsieur. — Croyez-vous qu'elle sera heureuse, cette année nouvelle ? — Oh ! oui, illustrissime, bien sûr. — Comme l'année passée ? — Beaucoup, beaucoup plus. — Comme l'autre ? — Bien plus, illustrissime. — Comme celle d'avant ? Ne vous plairait-il pas que l'année nouvelle fût comme n'importe laquelle de ces dernières années? — Non, monsieur, il ne me plairait pas. — Combien d'années nouvelles se sont écoulées depuis que vous vendez des almanachs? — Il va y avoir vingt ans, illustrissime. — A laquelle de ces vingt années voudriez-vous que ressemblât l'année qui vient? — Moi? je ne sais pas. — Ne vous souvenez-vous d'aucune année en particulier qui vous ait paru heureuse? — Non, en vérité, illustrissime. — Et cependant la vie est une belle chose, n'est-il pas vrai? — On sait cela. — Ne consentiriez-vous pas à revivre ces vingt ans, et même tout le temps qui s'est écoulé depuis votre naissance! — Eh! mon cher monsieur, plût à Dieu que cela so pût! — Mais si vous aviez à revivre la vie que vous avez vécue, avec tous ses plaisirs et toutes ses peines, ni plus ni moins? — Je ne voudrais pas. — Et quelle autre vie voudriez-vous revivre? La mienne, celle d'un prince ou celle d'un autre? Ne croyez-vous pas que moi, le prince ou un autre, nous répondrions comme vous, et qu'ayant à recommencer la même vie, personne n'y consentirait? — Je le crois. — Ainsi, à cette condition vous ne recommenceriez pas? — Non, monsieur, non vraiment, je ne recommencerais pas. — Quelle vie voudriez-vous donc? — Je voudrais une vie faite comme Dieu me la ferait sans autre condition. — Une vie au hasard dont on ne saurait rien d'avance, comme on ne sait rien de l'année nouvelle? — Précisément. — Oui, c'est ce que je voudrais, si j'avais à revivre, c'est ce que voudrait tout le monde. Cela signifie qu'il n'est jusqu'à ce jour personne que le hasard n'ait traité mal. Chacun est d'avis que la somme du mal a été pour lui plus grande que celle du bien : personne ne voudrait renaître à condition de recommencer la même vie avec tous ses biens et tous ses maux. *Cette vie qui est une belle chose n'est pas celle qu'on connaît, mais celle qu'on ne connaît pas, non la vie passée, mais la vie à venir.* L'année prochaine le sort commencera à bien nous traiter tous deux et tous les autres avec nous; ce sera le commencement de la vie heureuse. N'est-il pas vrai? — Espérons-le. — Montrez-moi le plus beau de vos almanachs. — Voici, illustrissime, il vaut trente sous. — Voilà trente sous. — Merci, illustrissime. Au revoir. Almanachs! almanachs nouveaux! Calendriers nouveaux! »

Quelle amertume dans cette scène de comédie, si habilement menée par l'humour du Passant, une sorte de Socrate désabusé ! — Parfois l'ironie est poussée tout à fait au noir. Le Follet raconte au Gnome que les hommes sont morts : « Vous les attendez en vain, ils sont tous morts, comme il est dit au dénoûment d'une tragédie où mouraient tous les personnages. — Et comment ont disparu ces coquins-là? — Les uns en se faisant la guerre, les autres en naviguant ; ceux-ci en se mangeant entre eux, ceux-là en s'égorgeant de leurs propres mains ; d'autres en croupissant dans l'oisiveté, d'autres en répandant leurs cervelles sur les livres, ou en faisant ripaille ou par mille excès ; enfin, en s'étudiant de toute façon à aller contre la nature et à se faire du tort. »

Il n'y a pas de plus cruel ennemi de l'homme que l'homme. C'est ce que Prométhée a pu apprendre à ses dépens, dans sa gageure avec Momus, qui hochait la tête toutes les fois que le fabricateur du genre humain se vantait devant lui de son invention. Un pari s'engage et les deux parieurs partent pour la planète. Descendus en Amérique, ils se trouvent nez à nez avec un sauvage en train de manger son fils ; dans l'Inde ils voient une jeune veuve brûlée sur le bûcher de son mari, un horrible ivrogne. « Ce sont des barbares, » dit Prométhée, et ils partent pour Londres. Là, devant la porte d'un hôtel, ils voient une foule qui s'amasse : c'est un grand seigneur anglais qui vient de se brûler la cervelle après avoir tué ses deux enfants et recommandé son chien à un de ses amis. — N'est-ce pas là trait pour trait le sombre tableau tracé par Schopenhauer : « La vie est une chasse incessante, où, tantôt chasseurs et tantôt chassés, les êtres se disputent les lambeaux d'une horrible curée ; une guerre de tous contre tous ; une sorte d'histoire naturelle de la douleur qui se résume ainsi ; vouloir sans motif, toujours lutter, puis mourir, et ainsi de suite dans les siècles des siècles jusqu'à ce que la croûte de notre planète s'écaille en petits morceaux. » Avions-nous tort de dire que le pessimisme est moins encore une doctrine qu'une maladie du cerveau ? A ce degré, le système ne relève plus de la critique, il revient de droit à la clinique; il faut l'y laisser.

Sur deux points seulement, le pessimisme de Leopardi diffère de celui de Schopenhauer, et je n'hésite pas à dire que le poëte est le plus philosophe des deux, parce qu'il reste dans une mesure relative de raison. Ces deux points sont le principe du mal et le remède. Du principe métaphysique, Leopardi ne sait rien et ne veut rien savoir. Le mal se sent et s'apprécie : c'est une somme de sensations très-réelles, pur objet d'expérience, non de raisonnement. Tous ceux qui ont prétendu déduire la nécessité du mal d'un principe, soit *la Volonté*, comme Shopenhauer, soit l'*Inconscient*, comme Hartmann, ont abouti à des théories absolument arbitraires quand elles ne sont pas inintelligibles. Leopardi se contente d'établir par l'observation la loi universelle de la souffrance sans prétendre en faire la dialectique transcendante : il sent ce qui est, sans essayer de démontrer que cela doit être ainsi. Et de plus, ignorant le principe du mal, il se garde bien d'y opposer des remèdes imaginaires, comme les pessimistes allemands qui aspirent à combattre le mal de l'existence en essayant d'éclairer la Volonté suprême qui produit l'existence, en lui persuadant de renoncer à elle-même et de se retourner contre l'être vers le néant. Le seul remède que l'âme stoïque de Leopardi oppose à l'éternelle et universelle souffrance, c'est la résignation, c'est le silence, c'est le mépris. Triste remède sans doute, mais qui est au moins à notre portée :

« Nostra vita a che val? solo a spregiarla. »

« Notre vie, à quoi est-elle bonne ? seulement à la mépriser ! ».

1. *A un vincitore nel pallone.*

On voit que nous n'avons rien exagéré en disant que Leopardi est le précurseur du pessimisme allemand. Il annonce cette crise singulière qui se préparait secrètement dans quelques esprits sous certaines influences que nous aurons à déterminer. Si l'on se souvient que le nom de Schopenhauer resta presque inconnu en Allemagne jusqu'en 1839 et que la fortune de ses idées ne date que des vingt dernières années, on ne sera pas médiocrement surpris de saisir dans le poëte italien, dès 1818, tant d'affinités de tempérament et d'esprit avec la philosophie qui devait séduire l'Allemagne. D'instinct et sans rien approfondir, il a tout deviné dans cette philosophie du désespoir ; sans aucun appareil scientifique, il est bien peu d'arguments qui échappent à sa douloureuse clairvoyance. Il est à la fois le prophète et le poète de cette philosophie, il en est le *vates*, dans le sens antique et mystérieux du mot ; il l'est avec une sincérité et une profondeur d'accent que n'égalent pas les plus célèbres représentants du pessimisme. Enfin, ce qui est bien quelque chose, il a vécu, il a souffert, il est mort en conformité parfaite avec sa triste doctrine, en contraste évident avec le désespoir tout théorique de ces philosophes qui ont su gouverner si bien leur vie et administrer à la fois le temporel et le spirituel du bonheur humain, leurs rentes et leur gloire.

CHAPITRE III

L'École pessimiste en Allemagne et en France. — Le principe du mal selon la philosophie de l'Inconscient.

Il semble que le monde des idées soit soumis, dans tous les ordres de problèmes, au jeu alternatif de deux doctrines extrêmes et contraires. Dans tout le cours du siècle dernier et dans la première moitié du nôtre, c'est incontestablement l'optimisme qui avait prévalu en Allemagne, sous des formes et à travers des écoles variées. Aujourd'hui il n'est guère douteux que ce ne soit le pessimisme qui tende à triompher, au moins momentanément[1]. Le pauvre esprit humain ressemblera toujours au paysan ivre de Luther, qui tombe tantôt à droite, tantôt à gauche, incapable qu'il est de se maintenir en équilibre sur sa monture.

L'Allemagne du xviiie siècle, dans la grande majorité des intelligences qui représentent sa vie morale, reste fidèlement attachée à la doctrine que lui avait enseignée Leibniz, que Wolf avait maintenue et qui du reste se trouvait facilement d'accord soit avec les dogmes de la théologie officielle, soit avec le déisme sentimental de Pope, de Rousseau et de Paley, fort en faveur dans cette population de pasteurs et de philosophes d'université, pendant le long interrègne philosophique qui va de Leibniz à Kant. A peine si dans cette quiétude

---

[1]. Consulter sur ce point l'ouvrage curieux et très-bien informé que M. James Sully vient de publier sous ce titre : *Pessimism, a history and a criticism*, London, 1877. Nous ne nous tromperions pas en disant que cette question est décidément à l'ordre du jour de la philosophie. Nous emprunterons à ce livre quelques renseignements qui nous ont paru intéressants sur l'histoire du pessimisme en Allemagne et sur les causes qui en ont favorisé le développement.

d'esprit et de doctrine pénètrent quelques échos des sarcasmes de Voltaire, répétés par son royal disciple, le grand Frédéric, et les libres esprits qui vivent dans le rayon de la petite cour de Potsdam. La triste gaîté de *Candide* s'est noyée en traversant le Rhin ; ce peuple religieux et lettré continue à répéter que tout ici-bas est disposé par une Providence bienveillante pour le bonheur final de l'homme, et que ce monde lui-même est le meilleur des mondes possibles.

Plus tard, lorsque change la scène des idées, lorsque paraissent Kant et tous ces illustres conquérants du monde philosophique sortis de la *Critique de la raison pure*, Fichte, Schelling, Hegel, l'optimisme particulier de Leibniz disparaît; mais l'optimisme lui-même, bien que modifié, subsiste. Déjà cependant il se manifeste une vague tendance à décrier la vie et à l'estimer au-dessous de son prix. On a relevé avec soin quelques passages marqués d'une teinte pessimiste dans Kant; on nous rappelle que Fichte a dit « que le monde réel est le pire des mondes possibles ». On met sous nos yeux ces propositions de Schelling : » La douleur est quelque chose de nécessaire dans toute vie... Toute douleur a sa source exclusive dans le seul fait d'exister. L'inquiétude de la volonté et du désir, qui fatigue chaque créature de ses sollicitations incessantes, est en soi-même le malheur[1]. » On sent déjà là le voisinage de Schopenhauer. La philosophie hégélienne elle-même n'est pas hostile au pessimisme; elle le conçoit comme l'une des phases de l'évolution universelle. Selon Hegel toute existence finie est condamnée à se détruire elle-même par ses contradictions; cette loi de la souffrance, résultant de la division et de la limitation de l'idée, contient un principe de pessimisme que Volkelt a mis parfaitement en lumière[2].

On comprend l'intérêt que Schopenhauer et Hartmann peuvent avoir à chercher des

---

[1]. *Philosophie de l'Inconscient*, 2ᵉ vol., p. 354, trad. française. Comparer Schopenhauer sur ce sujet, dans *le Monde comme volonté et représentation*, IIᵉ part., chap. XLVI.

[2]. *L'Inconscient et le Pessimisme*.

précédents, à établir une parenté honorable pour leur théorie; mais, si l'on y regarde de près, on ne voit là que des analogies superficielles et des alliances plus que douteuses d'idées. Il y a un pessimisme empirique qui se concilie très-bien avec l'optimisme métaphysique : c'est même là le point de vue où il faut se placer pour juger les principaux représentants de la philosophie allemande depuis Kant. Ils sont unanimes dans l'appréciation sévère qu'ils font de la vie considérée par ses côtés inférieurs et dans la réalité sensible, et néanmoins, dans l'ensemble de leurs doctrines, ce qui domine, c'est la solution optimiste du problème de l'existence. Kant nous montre sans doute combien la nature est peu favorable à la félicité humaine; mais la vraie explication de la vie, la dernière raison des choses doit être cherchée en dehors de l'ordre sensible, dans l'ordre moral, qui après tout est le seul intérêt du souverain législateur et la seule explication de la nature elle-même. Il en est de même de Fichte, pour qui les phénomènes sensibles, l'apparence de la matière ne sont qu'une scène transitoire préparée pour une fin unique, l'accomplissement du devoir, l'action libre du moi qui poursuit, dans sa réaction contre le monde extérieur et dans son conflit avec la sensation, le plus haut caractère qu'il puisse atteindre. Quant à Schelling, dans sa seconde manière, marquée par *Philosophie et Religion*, c'est à la doctrine chrétienne de la chute et de la rédemption qu'il emprunte le symbole de sa métaphysique ; il y retrouve l'histoire transcendante du déchirement de l'unité primitive, la certitude du retour final à l'unité, il y associe l'univers lui-même, racheté et spiritualisé avec l'homme, après être tombé avec lui dans le péché et dans la matière. Ainsi, après qu'il a placé sous nos yeux les plus tristes peintures de la nature désolée par le mal, Schelling nous amène à une solution finale, qui est incontestablement une sorte d'optimisme théologique. C'est aussi là, sous d'autres formes, la dernière conclusion de Hegel sur la valeur du monde et de la vie. L'idée, d'abord divisée, errante hors de soi, tend à revenir à soi par la conscience du monde. Ce *devenir* de l'esprit, ce processus du monde qui se continue sans cesse à travers le drame changeant des faits, voilà la vraie théodicée, la justification de Dieu dans l'histoire.

Assurément c'est encore là de l'optimisme, celui de l'évolution universelle et du progrès nécessaire : dans toutes ces doctrines, il y a un but certain assigné au mouvement de l'univers ; une raison divine enveloppe comme dans un tissu merveilleux tous les phénomènes, même les plus insignifiants ou les plus étranges de la nature et de l'histoire, et, les attirant dans les séries déterminées, les empêche d'extravaguer au hasard ou de se perdre dans l'inutile ; c'est un ordre, providentiel à sa manière, qui s'accomplit à chaque moment et dont le penseur, parvenu au vrai point de vue, devient l'intelligent témoin. Ces idées ont dominé l'esprit allemand dans la première partie de ce siècle. Leibniz, Kant, Hegel, avaient été successivement ses maîtres, mais tous le conduisaient et le maintenaient dans des voies parallèles au bout desquelles la raison aperçoit un but digne d'elle, digne qu'on franchisse pour y atteindre les obstacles et les périls de la route, digne que l'homme porte sans se plaindre le poids des long jours, des lourds fardeaux, des misères et des afflictions sans nombre.

C'est maintenant dans une direction toute contraire qu'une grande partie de l'Allemagne philosophique semble entraînée. N'est-ce là qu'une mode passagère, un caprice d'imagination, une révolte contre les abus de la dialectique transcendante, une réaction violente contre la tyrannie spéculative de l'*Idée*, contre le despotisme de l'évolution universelle au prix de laquelle « les misères individuelles » ne sont rien? Ce qu'il y a de sûr, c'est que les misères individuelles se sont un jour relevées, comme lasses de servir à des fins qu'elles ne connaissaient pas; c'est que « les destinées humaines » ont fini par renverser « le char qui les écrasait sous ses roues d'airain. » Ne pouvant s'affranchir de la souffrance, elles ont protesté contre les raisons dialectiques qui voulaient la leur imposer comme une nécessité salutaire, et le pessimisme est né. A l'heure qu'il est, il y a toute une littérature pessimiste, florissante en Allemagne, et qui a même tenté à plusieurs reprises, non sans succès, des excursions et des conquêtes sur les pays voisins. Et ce n'est pas seulement dans les deux noms de Schopenhauer[1] et de Hartmann[2], l'un déjà célèbre, l'autre investi d'une notoriété croissante, que se résume cette littérature ou, si l'on aime mieux, cette philosophie. Schopenhauer reste le chef incontesté du chœur, et après lui, sur le second degré, se tient debout, sans aucune affectation de modestie, le jeune successeur déjà désigné, tout prêt, quand l'âge sera venu, à remplir le premier rôle et à prendre en main le bâton du commandement, le sceptre du chœur. Mais le chœur lui-même est nombreux et composé de voix qui ne chantent pas toujours à l'unisson, qui se prétendent indépendantes dans une certaine mesure, tout en restant liées ensemble dans l'accord fondamental.

1. Né en 1788, mort en 1860.
2. Né en 1842. La première édition de la *Philosophie de l'Inconscient* est de 1869.

Parmi les disciples de Schopenhauer, à côté ou au-dessous de M. Hartmann, il faut citer particulièrement Frauenstädt, Taubert et Julius Bahnsen. Dévoué à la mémoire de Schopenhauer, dont il a publié la correspondance et les conversations, Frauenstädt essaie cependant d'adoucir quelques traits trop durs de la théorie, niant même que ce terme de pessimisme convienne, dans la rigueur du mot, à un système qui admet la possibilité de détruire la Volonté et de soustraire ainsi l'être aux tourments qu'elle lui impose. — Cette tendance à admettre le fait de la misère du monde comme inséparable de l'être, et cependant à chercher dans les limites du pessimisme des sources de consolation inattendue, se montre plus distinctement encore chez Taubert. Dans son livre *le Pessimisme et ses adversaires*, il reconnaît bien avec Schopenhauer que le progrès amène une conscience de plus en plus profonde de la souffrance attachée à l'être et de l'illusion du bonheur, mais il exprime l'espoir que l'on pourra triompher en partie de cette misère par les efforts combinés du genre humain, qui, en soumettant de plus en plus les désirs égoïstes, donneront à l'homme les bienfaits d'une paix absolue et réduiront ainsi dans une grande mesure le malheur du *vouloir-vivre*. « La mélancolie même du pessimisme, dit Taubert, se transforme, si on l'examine de plus près, en une des plus grandes consolations qui puissent nous être offertes : non-seulement en effet elle transporte notre imagination bien au delà des souffrances réelles auxquelles chacun de nous est destiné, et par là nous nous trouvons déçus à notre avantage, mais d'une certaine manière elle augmente les plaisirs qui nous sont accordés par la vie et double notre jouissance. » Comment cela ? La raison que l'on nous donne ne manque pas d'originalité : « Le pessimisme nous montre bien que toute joie est illusoire, mais il ne touche pas au plaisir lui-même, il le laisse subsister malgré sa vanité démontrée, seulement il l'enferme dans un cadre noir qui fait mieux ressortir le tableau. » Enfin Taubert insiste sur la haute valeur des plaisirs intellectuels que le pessimisme, selon lui, peut et doit reconnaître, et qu'il place dans une sphère supérieure « comme les images des dieux, libres de tout souci et répandant leurs clartés sur les arrière-fonds ténébreux de la vie, remplis soit par des souffrances, soit par des joies qui finissent en peines. » — M. James Sully remarque finement que Taubert lui fait l'effet d'un optimiste tombé par mégarde dans le pessimisme et qui fait d'inutiles efforts pour se dégager de cette fondrière.

Tandis que Taubert représente la droite du pessimisme, Julius Bahnsen représente l'extrême gauche de la doctrine. Tel il se montrait dans son ouvrage intitulé la *Philosophie de l'histoire*, tel il se produit, avec plus d'exagération encore, dans son livre tout récent, armé de ce titre terrible : *le Tragique comme loi du monde*. En tout ce qui touche au pessimisme et au principe irrationnel d'où il dérive, il dépasse la pensée de Schopenhauer. Pour lui, comme pour son maître, le monde est un tourment sans trêve que l'absolu s'impose à lui-même; mais il va plus loin que son maître en niant qu'il y ait aucune finalité, même immanente, dans la nature, et que l'ordre des phénomènes manifeste aucun lien logique. Non-seulement il soutient le principe de l'école, à savoir que toute existence est nécessairement illogique en soi, en tant que manifestation de la Volonté ; pour lui l'existence est illogique « dans son contenu aussi bien que dans sa forme ». En dehors même de la déraison de l'existence prise en soi, il y a une déraison fondamentale dans l'ordre des choses existantes. On comprend que Bahnsen, niant toute coopération de la raison dans le monde, rejette la seule forme de plaisir pur conservé par Schopenhauer, le plaisir de la contemplation intellectuelle et de la création par l'art, la jouissance esthétique et scientifique. Où pourrait se prendre une pareille jouissance dans un monde où il n'y a plus ni ordre logique, ni harmonie d'aucune sorte, un pur chaos de phénomènes et de formes ? Dès lors l'observation de l'univers et la représentation de ses formes dans l'art, loin d'être une source de joie calme, ne peuvent apporter que des tourments nouveaux à un esprit philosophique.

L'espoir même d'un anéantissement final qui est le remède souverain proposé par Schopenhauer au monde malheureux est pour Bahnsen une pure illusion. « Sa disposition pessimiste est telle, dit Hartmann, elle le rend tellement passionné pour ce qu'il y a de désespéré dans son point de vue, qu'il se sent dérangé dans sa tristesse absolue quand on lui présente une perspective quelconque de consolation. » Nous pouvons être assurés cette fois que nous touchons au dernier terme, à la dernière évolution du pessimisme allemand. Cette fois la gageure, si c'en est une, a été tenue jusqu'au bout, ou si ce n'est pas une gageure, disons que la folie du système est complète. Bahnsen peut dire avec orgueil au pessimisme : « Tu n'iras pas plus loin. »

Et en effet le pessimisme a reculé, même chez Hartmann, devant les conséquences du principe, poussées à cette outrance. La philosophie de l'*Inconscient* fait une figure fort raisonnable, d'une modération exemplaire, à côté d'une pareille excentricité de doctrine. L'Allemagne, qui ne manque pas d'intrépidité spéculative ni de goût pour les aventures d'idée, semble n'avoir pas suivi Julius Bahnsen jusque-là ; il me paraît que ce fougueux dialecticien de l'*illogique absolu* s'enfonce de plus en plus dans la solitude et dans le vide. Assurément ce n'est pas sous cette forme que le pessimisme est destiné à conquérir le monde ; mais, avec plus d'habileté et sous des formes plus modérées, il est en train de s'emparer de l'esprit germanique qu'il attire comme par une sorte de fascination magique et qu'il trouble profondément. Sans doute il lui manque encore un puissant véhicule, l'enseignement des universités, et M. de Hartmann s'en plaint amèrement, mais cela viendra un jour ; pourquoi non ? En attendant, le pessimisme fait son œuvre en dehors des universités : les éditions de Schopenhauer et de Hartmann se multiplient. Celui-ci avoue même que, si la philosophie à laquelle il a consacré sa vie trouve plus difficilement des disciples, dans le sens strict du mot, elle obtient plus qu'aucune autre doctrine, à l'heure qu'il est, l'attention, l'intérêt, l'enthousiasme de cet immense auditoire, vague et flottant, qui, pour n'être pas concentré dans une salle d'université, n'en est pas moins tout-puissant pour faire la réputation des auteurs, le succès des livres et la fortune des systèmes. Les contradictions ne manquent pas non plus, elles abondent, vives et passionnées : il suffit de rappeler le nom du bruyant et ardent Duhring, tout récemment encore *docent* à l'université de Berlin. Ces discussions, qui ont réveillé la vie philosophique un peu éteinte en Allemagne et comme étouffée sous le bruit des armes, montrent la vitalité croissante de la philosophie qu'elles essaient de combattre et d'arrêter dans ses progrès : curiosité très-vive autour du pessimisme, critique acharnée prouvant le succès, c'est cela même qui est un fait à constater et un symptôme à étudier.

Rien au premier abord ne paraît plus antipathique à l'esprit français que cette philosophie obscure dans son principe, trop claire dans ses conséquences, qui ôte à la vie tout son prix et à l'action humaine tout son ressort. La passion de la lumière, le goût de la logique, l'ardeur au travail, l'habitude de l'activité utile, voilà de quoi nous défendre suffisamment, à ce qu'il semble, de ce côté du Rhin, contre ces influences subtiles et dissolvantes. Et pourtant il y a eu, même en France, des atteintes irrécusables de ce mal, qui tend à devenir cosmopolite, dans certains esprits que le culte de l'idéal et la croyance au devoir semblaient devoir préserver de toute contagion semblable. Nous n'apprendrons rien à nos lecteurs en leur rappelant que plus d'une page des *Dialogues philosophiques*, récemment publiés, a une couleur prononcée de pessimisme. Sans doute il ne s'agit plus ici d'une de ces théories violentes, sans nuance, qui prétendent résoudre l'énigme totale d'un seul coup et se contentent de retourner contre lui-même le dogmatisme des optimistes en opposant un but négatif ou l'absence de but aux fins raisonnables et divines, et le mépris absolu de la vie à l'estime qu'en doivent faire raisonnablement les hommes. Il y a bien des atténuations, des restrictions de toute sorte, des apparences même de contradiction à l'idée pessimiste qui paraît avoir été la grande tentation de l'auteur pendant qu'il méditait ou qu'il écrivait ; ces conflits de pensées contraires, exprimés avec une sincérité parfois dramatique, ne sont pas un des moindres attraits de cette œuvre troublante et troublée. Mais enfin il n'est guère contestable qu'aux influences jusqu'alors dominantes de Kant et de Schelling ne soit venue se mêler, dans l'inspiration de ce livre, l'influence de Schopenhauer. La lutte de ces deux esprits est visible d'une page à l'autre, souvent dans la même page.

C'est Kant qui inspire encore quelques belles pensées sur la vie humaine et le monde lui-même, inexplicables sans la finalité morale, ou bien ce touchant aveu que ce qu'il y a de meilleur au monde, c'est la bonté, et que « la meilleure base de la bonté, c'est l'admission d'un ordre providentiel où tout a sa place et son rang, son utilité, sa nécessité même [1]. »

---

1. *Dialogues philosophiques*, par M. Ernest Renan. Introduction, p. XVI.

C'est Schelling qui règne à certaines heures et qui reprend son empire à travers les inquiétudes et les découragemens, quand on nous dit : « L'univers a un but idéal et sert à une fin divine ; il n'est pas seulement une vaine agitation, dont la balance finale est zéro. Le but du monde est que la raison règne[1]; » ou bien encore : « La philosophie des causes finales n'est erronée que dans la forme. Il ne s'agit que de placer dans la catégorie du *fieri*, de la lente évolution, ce qu'elle plaçait dans la catégorie de l'être et de la création. » Mais ces clartés sereines ne durent pas et s'éteignent graduellement dans les ombres du pessimisme. Même dans la partie du livre consacrée aux *Certitudes*, ce qui domine, c'est l'idée lugubre d'une ruse gigantesque qui plane sur la nature humaine, l'enlace dans ses inévitables lacets et la pousse par la persuasion ou par la force à des fins inconnues à travers l'obstacle et la souffrance.

Il y a quelque part un grand égoïste qui

---

1. *Dialogues philosophiques.* Introduction, p. XIV.

nous trompe, que ce soit la Nature ou Dieu : c'est l'idée fixe qui revient sans cesse, qui obsède l'esprit de l'auteur, remplit son livre de la plus sombre poésie. Les manœuvres d'une puissance occulte, les fourberies qu'elle emploie pour arriver à ses fins par nous, malgré nous, contre nous, voilà le grand drame qui se joue dans le monde et dont nous sommes les acteurs et les victimes. Partout c'est ce pouvoir sans nom qui dupe les individus pour un intérêt qui leur est étranger, dans tout ce qui touche aux instincts, à la génération, à l'amour même : « Tout désir est une illusion, mais les choses sont ainsi disposées qu'on ne voit l'inanité du désir qu'après qu'il est assouvi... Pas d'objet désiré dont nous n'ayons reconnu, après l'embrassement, la suprême vanité. Cela n'a pas manqué une seule fois depuis le commencement du monde. N'importe, ceux qui le savent parfaitement d'avance désirent tout de même, et l'*Ecclésiaste* aura beau prêcher éternellement sa philosophie de célibataire désabusé, tout le monde conviendra qu'il a raison, et néanmoins désirera. » —

Nous sommes exploités, voilà le dernier mot du livre. « Quelque chose s'organise à nos dépens ; nous sommes le jouet d'un égoïsme supérieur... L'hameçon est évident, et néanmoins on y a mordu, on y mordra toujours. » C'est tantôt le plaisir, dont il faut payer ensuite l'exact équivalent en douleur, « tantôt la vision de chimériques paradis auxquels, à tête reposée, nous ne trouvons plus une ombre de vraisemblance, tantôt cette déception suprême de la vertu qui nous amène à sacrifier à une fin hors de nous nos intérêts les plus chers. »

La vertu, une déception ! qui s'y serait attendu de la part d'un philosophe qui, dans le naufrage universel des idées métaphysiques, au-dessus des flots et de l'abîme, avait jusqu'ici maintenu d'une main si ferme, comme dans une arche sainte, l'idée du devoir ! L'impératif catégorique suivrait donc le sort des principes de la raison pure, et le privilège de commander à la volonté au lieu de commander à la raison, qui, aux yeux de Kant et de ses disciples, devait le sauver du scepticisme et constituait en sa faveur une certitude à part, ce privilège serait une dernière illusion à détruire ! Une critique plus pénétrante et plus subtile démasque ici comme ailleurs le piège secret que la nature tend à notre candeur : « Elle a évidemment intérêt à ce que l'individu soit vertueux... Au point de vue de l'intérêt personnel, c'est là une duperie, puisque l'individu ne retirera aucun profit temporel de sa vertu : mais la Nature a besoin de la vertu des individus... Nous sommes dupés savamment en vue d'un but transcendant que se propose l'univers et qui nous dépasse infiniment. » Ainsi le devoir lui-même n'est que la dernière rouerie du tyran qui nous fait servir à ses fins, lesquelles nous sont complétement étrangères et inconnues ; mais, par une conséquence bizarre et tout à fait inattendue, voici que le scepticisme spéculatif, en s'étendant à la sphère morale, y crée un type nouveau de vertu, une vertu plus belle encore que celle qui suffisait à Kant, plus désintéressée, s'il est possible, bien que le grand moraliste refuse de reconnaître la vertu et d'y mettre son sceau là où quelque élément étranger se mêle au devoir. — Ici c'est une vertu absolument héroïque, puisqu'elle est le sacrifice de soi à une fin inconnue qui n'est même pas, comme dans Kant, la moralité de l'homme, mais quelque chose dont nous n'avons aucune idée ; une vertu chevaleresque, puisqu'elle se donne sans compter, par un pur sentiment d'honneur, « à une chose absurde en soi. » Il est bien plus beau, paraît-il, d'être vertueux en se sachant dupe. C'est par ce trait caractéristique que l'auteur des *Dialogues* se distingue de Kant ; il reconnaît clairement que ce qui était tout aux yeux de Kant, la moralité, ce tout même n'est rien pour l'homme, ce tout n'est qu'un moyen pour la Nature en vue d'un but que nous ignorons et qui ne nous regarde pas. C'est par là encore qu'il pense se distinguer de Schopenhauer, qui, lui aussi, a percé à jour les intrigues de la Nature, mais qui, à cause de cela même, refuse de s'y soumettre. « A la différence de Schopenhauer, dit Philalèthe, je me résigne. La morale se réduit ainsi à la soumission. L'immoralité, c'est la révolte contre un état de choses dont on voit la duperie. Il faut à la fois la voir et s'y soumettre. »

S'y soumettre, et pourquoi ? Je ne m'explique pas comment on peut continuer à obéir à des ordres qu'on sait être des pièges, s'il suffit d'un acte de volonté pour s'y soustraire. Un pareil héroïsme de soumission dépasse non-seulement mes forces, mais mon intelligence. A mon sens, Schopenhauer a mille fois raison contre cette chevalerie, qu'on admire légitimement quand elle est celle de l'idéal, qu'on cesse d'admirer quand elle s'offre en immolation à ce je ne sais quoi, l'ordre « d'un tyran fourbe. » La pensée qui nous a affranchis de l'illusion nous a du même coup affranchis de l'obligation. — Oui, Schopenhauer a raison de nous prêcher la révolte, si nous nous sentons dupes. Pas de loi intellectuelle ou morale qui puisse nous imposer le sacrifice à un but qui n'a aucun rapport, même idéal, à nous. Il n'y a de devoir qu'autant qu'on croit au devoir ; si l'on n'y croit plus, si l'on voit clairement que le devoir est une duperie, par là même l'obligation cesse. S'il est vrai, comme on nous le dit, que l'homme, par le progrès de la réflexion, démasque toutes ces rouéries qui s'appellent religion, amour, bien, vrai, le jour où la critique a tué les ruses de la Nature, ce jour-là elle a été vraiment bienfaisante et libératrice : la religion, l'amour, le bien, le vrai, toutes ces chaînes invisibles dont nous étions liés sont tombées ; nous n'allons pas les reprendre volontairement pour faire plaisir « au grand égoïste qui nous trompait. » Nous étions dupes, nous ne le serons plus, voilà tout : l'homme est libre, et s'il veut employer, comme Schopenhauer, sa liberté reconquise à détruire ce malicieux enchanteur, qui nous tenait enchaînés, qu'il soit béni pour une pareille tentative ! Et s'il veut prononcer les paroles magiques que Schopenhauer lui apprend et qui doivent amener la fin de cette triste fantasmagorie, contraindre la Volonté qui a déployé sa puissance sous la forme de l'univers à se replier en soi, à se retourner vers le néant, gloire à l'homme qui par la critique aura détruit les illusions, et qui par son courage en aura tari la source empoisonnée ! Gloire à lui pour n'avoir pas joué volontairement le rôle de l'éternel dupé de l'univers ! Tout cela est parfaitement logique, si une fois nous lâchons la dernière ancre qui nous retenait encore à un point fixe « sur cette mer infinie d'illusions ; » et cette dernière ancre, c'est l'idée de devoir, attachée elle-même à l'absolu.

Espérons que ce ne sera là qu'une crise momentanée dans l'histoire de l'esprit français et aussi dans l'histoire du brillant esprit qui a semblé un jour en être atteint. Ce qui nous ferait croire que notre espoir n'est pas vain, c'est que l'auteur marque une date précise à ses rêves, et que cette date, associée aux souvenirs les plus tristes, est une révélation sur l'état moral dans lequel furent écrits ces dialogues. C'est vers les premiers jours du mois de mai 1871 qu'Eutyphron, Eudoxe et Philalèthe se promenaient, en devisant entre eux, accablés des malheurs de leur patrie, dans une des parties les plus reculées du parc de Versailles. C'était après la guerre étrangère et pendant la guerre civile; cela explique bien des choses. Paris était en proie à des folies qui justifiaient presque les plus sombres appréhensions du pessimisme. Versailles était calme, mais il gardait l'amer et récent souvenir du long séjour qu'y avaient fait nos vainqueurs, les pessimistes à casque de M. de Bismarck. Une contagion flottait encore dans l'air ; Philalèthe la ressentit et en fut troublé. Mais déjà, quand il publia ce livre, il semblait se remettre de la disposition maladive dans laquelle il l'avait écrit. Il nous promet dans une note qu'il publiera bientôt un *Essai*, composé à une autre époque et sous d'autres influences, et bien plus consolant que celui-ci. Et quant aux lecteurs qui se laisseraient trop émouvoir à ces perspectives désolées, l'auteur leur conte dans sa préface une singulière anecdote, qu'il nous offre comme un antidote infaillible : si quelqu'un devait être attristé à la lecture de ce livre, il faudrait lui dire comme ce bon curé qui fit trop pleurer ses paroissiens en leur prêchant la Passion : « Mes enfans, ne pleurez pas tant que cela, il y a bien longtemps que cela est arrivé, et puis ce n'est peut-être pas vrai. »

Je soupçonne que, si ce sermon a été jamais prononcé, ce dut être à Meudon, du temps que Rabelais officiait, à moins que ce ne soit à Ferney, dans ce fameux jour où « le bon curé » Voltaire s'avisa de prêcher en pleine église.

Quoi qu'il en soit, il suffit que la figure de Voltaire apparaisse dans la préface des *Dialogues* pour que la sombre vision du livre devienne inoffensive et n'inquiète plus le lecteur que comme une fantaisie d'artiste. Le sourire de l'auteur a tué le monstre; le pessimisme n'est plus qu'un « mauvais rêve. » C'est ainsi que les choses se passent d'ordinaire en France, où la philosophie et la littérature des cauchemars n'ont jamais réussi. Les *Contes fantastiques* d'Hoffmann n'ont pu s'acclimater sous notre ciel et dans notre langue; Schopenhauer et Hartmann n'y seront jamais que des objets de curiosité.

Ne nous fions pas trop cependant à ces vraisemblances ni à ces instincts naturels qui paraissent éloigner l'esprit français des tentations du pessimisme. Au moins sous la forme d'un sentiment, sinon d'une doctrine, cette philosophie du désespoir a troublé, dans ces dernières années, plus d'une âme qui a cru se reconnaitre dans l'accent amer, hautain d'un poète de grand talent, l'auteur des *Poésies philosophiques*. Si l'on voulait démêler l'inspiration qui fait l'unité de ces poèmes étranges et passionnés, on ne se tromperait guère en la cherchant dans la conception de l'*infelicità*. C'est un Leopardi français égalant presque l'autre par la vigueur oratoire et le mouvement lyrique. Ecoutez la plainte de l'homme, quand, trompé par la nature, il l'accuse et se rejette dans le néant :

C'en est fait, je succombe, et quand tu dis : J'aspire !
Je te réponds : Je souffre ! infirme, ensanglanté ;
Et par tout ce qui naît, par tout ce qui respire
    Ce cri terrible est répété.

Oui, je souffre, et c'est toi, mère, qui m'extermines,
Tantôt frappant mes flancs, tantôt blessant mon cœur.
Mon être tout entier, par toutes ses racines,
    Plonge sans fond dans la douleur.

. . . .

Mon vrai, mon seul vautour, c'est la pensée amère
Que rien n'arrachera ces germes de misère
Que ta haine a semés dans ma chair et mon sang.
. . . .

Oh ! quelle immense joie après tant de souffrance !
A travers les débris, par dessus les charniers,
Pouvoir enfin jeter ce cri de délivrance :   [niers[1] ! »
« Plus d'hommes sous le ciel ; nous sommes les der-

Revenons au pessimisme allemand ; examinons-le dans sa vraie patrie d'adoption, là où il a refleuri de nos jours, comme s'il y rencontrait un climat propice et une culture appropriée.

Nous avons vu que Leopardi résume avec une sagacité rare presque tous les argumens d'expérience proprement dits, dont sa théorie de l'*infelicità* est le programme anticipé. Ce poète malade portait en lui et décrivait sur le vif cette maladie étrange qui devait s'emparer d'une partie du xix° siècle à

---

1. L. Ackermann, — *Poésies, L'Homme à la Nature* p. 114. — *Prométhée*, p. 89. — *Pascal*, p. 147. — Voir l'étude que nous avons consacrée dans les *Problèmes de Morale sociale* à ce poète, considéré comme l'interprète du problème de la destinée humaine dans les nouvelles écoles.

son déclin. Le pessimisme est à l'état d'expérience douloureuse dans Leopardi ; il est à l'état de raisonnement chez Schopenhauer et Hartmann. Quelles sont les preuves d'analyse ou de théorie apportées par l'un et par l'autre dans la démonstration de l'universelle douleur ? Nous nous réduirons autant que possible aux thèses qui méritent d'être examinées avec quelque attention, négligeant à dessein la métaphysique dont on veut qu'elles dépendent, parce qu'au fond elle n'est qu'un ensemble de constructions tout arbitraires et toutes personnelles. J'ajoute qu'il n'y a réellement aucun lien logique entre ces théories spéculatives et la doctrine morale qui s'y trouve annexée. On pourrait ôter toute la morale du pessimisme de ces deux ouvrages, *le Monde comme volonté et représentation* ou la *Philosophie de l'Inconscient*, sans diminuer d'un atome leur valeur spéculative. Ce sont des conceptions *a priori*, plus ou moins bien liées, sur le principe du monde, sur l'*Un-Tout* et sur l'ordre des évolutions selon lequel il se manifeste ; mais il est fort difficile de voir pourquoi la conséquence de ces évolutions est nécessairement le mal absolu de l'existence, pourquoi le *vouloir-vivre* est à la fois l'attrait irrésistible du premier principe et la plus insigne déraison. C'est ce qui n'a jamais été expliqué : c'est l'éternel postulat du pessimisme.

Un seul exemple sur ce sujet pour n'y plus revenir. Sur quoi reposent les conclusions pessimistes de la *Philosophie de l'Inconscient* ? Dans quelle mesure dépendent-elles des spéculations métaphysiques qui remplissent la plus grande partie de l'ouvrage ? Quel lien même peut-on concevoir entre cette philosophie du néant et cette profonde théorie de la finalité universelle, qui fait le sérieux intérêt et le durable attrait du grand ouvrage de Hartmann ? En d'autres termes quel est le principe métaphysique du mal selon cette philosophie nouvelle ? Ce n'est que par une suite pénible et par une singulière complication d'efforts que M. de Hartmann arrive à cette conception de la naissance de l'univers sous le coup d'une fatalité tragique et de son évolution lente vers la connaissance du mal auquel il a été condamné en naissant. On peut se rendre compte, dans cette question limitée et spéciale, de la bizarre fertilité de ces imaginations qui prétendent s'imposer à nous au nom d'une fantaisie singulièrement complaisante pour elle-même, ingénieuse à jouer avec les choses, les idées et les mots, inventant des principes et des êtres à sa convenance et créant pour son usage une sorte de mythologie.

M. de Hartmann a bien senti que la philosophie du *Monisme* était logiquement incompatible avec l'existence du mal absolu. Le mal en soi est une contradiction dans la doctrine de l'unité absolue, et pour qu'une contradiction de ce genre se produise, il faut deux principes en présence. C'est dans ce sens que M. de Hartmann a corrigé le monisme de son maître Schopenhauer, et bien qu'il prétende rester fidèle à la théorie de l'unité, nous allons voir avec quelle résolution et à quel prix il introduit le dualisme le mieux caractérisé au sein de l'*Un-Tout*. Sa philosophie se résout en une sorte de manichéisme qui nous montre l'opposition fondamentale entre la

Volonté de Schopenhauer et l'Idée de Hegel, réunies sinon réconciliées. Rien de plus romanesque que le jeu alternatif de ces deux principes antagonistes et contemporains dans le sein du même Principe qui les a portés et qui les contient. Toute cette métaphysique est une vraie boîte à surprises, grâce au double compartiment qu'elle renferme : dans l'un, c'est la Volonté qu'on y loge, la Volonté qui explique l'être, le désir du bonheur, l'instinct de vivre; dans l'autre, c'est l'Idée, qui explique non pas le fait de l'existence, mais le *concept* du monde, son essence, s'attachant à l'organiser de la manière la plus sage et la meilleure possible, quoique le fait seul de son existence l'ait condamné à être absolument malheureux, pire que le non-être. C'est ainsi que se concilie, si les mots suffisent à concilier les choses, l'optimisme le plus inattendu avec le pessimisme le plus désespéré. L'Idée représentant la raison souverainement sage, s'efforce de tirer le meilleur parti possible de la folie de l'existence que lui a imposée, sans la consulter, le principe aveugle, la

Volonté. De là une lutte titanesque qui ne finira qu'avec le monde entre les deux principes : dans le domaine de l'Idée domine la logique, la raison; la Volonté, de son côté, est aussi étrangère à la raison que celle-ci l'est au désir aveugle et irrationnel de l'être, au vouloir-vivre. Aussi doit-on s'attendre à ce que l'Idée, aussitôt qu'elle aura conquis le degré nécessaire d'indépendance, condamne le principe irrationnel qu'elle découvrira dans la Volonté et s'efforce de l'anéantir.

Mais l'Idée inconsciente n'a par elle-même aucun pouvoir sur la Volonté; elle ne peut lui opposer aucune force propre, elle est obligée de recourir à la ruse. Au moyen de l'individuation, elle fait créer par la Volonté une force indépendante, la conscience, capable de s'opposer à la Volonté, et c'est ainsi que va commencer le conflit tragique dont le dénouement nécessaire ne peut être que d'amener la Volonté elle-même, en s'éclairant, à s'anéantir. C'est là l'œuvre de la conscience qui doit détruire successivement toutes les illusions de l'instinct, démasquer la déraison du vouloir-vivre, convaincre d'impuissance tous les efforts de la Volonté pour atteindre le bonheur positif, l'amener peu à peu à cette conviction que tout vouloir conduit au malheur et que le renoncement seul conduit au meilleur état qui se puisse atteindre, lequel est l'absence de toute sensation.

Il n'est donc pas douteux que l'*Inconscient* ou plutôt le *Sur-conscient*, dans sa science absolue qui embrasse à la fois les fins et les moyens, n'ait créé la conscience pour affranchir la Volonté de son désir aveugle auquel elle ne saurait se soustraire d'elle-même. La fin du *processus* universel sera la réalisation de la plus haute félicité possible, qui n'est pour tout être que de cesser d'être.

Faut-il prendre au sérieux ce fantastique personnage de l'Inconscient, doué de sagesse et de raison, mais sans conscience, réduit à ruser avec une partie de lui-même, en créant l'individuation et par elle la conscience qui doit, à la fin des temps, l'affranchir? Il eût mieux valu que le premier Principe, devinant avec

son intuition absolue les malheurs et la déraison du vouloir-vivre, ne se dérangeât pas de son repos et ne créât rien du tout, ce qui serait plus aisé, à ce qu'il semble, que de produire une à une ces lentes péripéties en vue de la délivrance, à moins que le Tout n'ait été tyrannisé par la Volonté, qui n'est cependant qu'une partie de lui-même, et qu'il n'ait subi une contrainte qui ne se comprend absolument pas.
— Que de mystères et de complications! Cette théorie énorme et surchargée ressemble à quelque appareil gigantesque, mu péniblement par une multitude de poids et de contre-poids, de rouages et de ressorts, que l'on a créés pour parer à toutes les difficultés qui se présentent, que l'on fait jouer dans les grandes circonstances, que l'on arrête dans les temps ordinaires, que l'on oublie même volontiers dans l'habitude de la vie, tant leur jeu est bizarre, bruyant et compliqué. M. de Hartmann fait la figure d'un machiniste d'opéra, qui aurait à représenter devant nous quelque lourde et gigantesque féerie d'abstractions dramatisées. Il y manque jusqu'ici l'accompagnement né-

cessaire, la musique de l'avenir, mais je ne désespère pas que M. Wagner, le compositeur prédestiné du pessimisme, n'en tire quelque jour le sujet d'une partition, le drame de l'Inconscient, une cosmogonie désespérée, et ne le traduise en lugubres symphonies, dignes du monde qui va naître et développer devant nous sa tragique histoire.

CHAPITRE IV

Les arguments de Schopenhauer contre la vie humaine. — L'identité de la volonté et de la douleur, la théorie des plaisirs négatifs et le machiavélisme de la Nature.

Laissons cette métaphysique du rêve; allons droit aux arguments qui ont fortement saisi les imaginations allemandes, et par lesquels Schopenhauer et Hartmann prétendent démontrer l'antique pensée de Çakya-Mouni : « le mal, c'est l'existence. » Nous écarterons avec soin ce qui touche à l'essence du monde en lui-même, la question théologique et transcendante de savoir si l'univers est en soi bon ou mauvais, et s'il eût mieux valu qu'il n'existât pas. Nous nous bornerons à la vie humaine. J'estime que les arguments du pessimisme, débarrassés de l'armure formidable qui les recouvre et de la masse d'accessoires inutiles qu'ils traînent à leur suite, peuvent se réduire à trois : une théorie psychologique de la volonté, la conception d'une puissance rusée qui enveloppe tout être vivant, spécialement l'homme, d'illusions contraires à son bonheur, enfin le bilan de la vie qui se liquide par un déficit énorme de plaisir et par une véritable banqueroute de la Nature. Les deux premiers arguments appartiennent en propre à Schopenhauer, le troisième a été développé par M. de Hartmann.

Tout est volonté dans la nature et dans l'homme, donc tout souffre : voilà l'axiome fondamental du pessimisme de Schopenhauer[1].

---

1. *Die Welt als Wille und Vorstellung*, t. I, liv. IV et *passim*. — Voir les principaux fragments sur cette question, recueillis et traduits par M. Ribot dans son excellent résumé de la *Philosophie de Schopenhauer*, pages 119, 139, etc.

La Volonté principe est un désir aveugle et inconscient de vivre, qui du fond de l'éternité s'éveille par je ne sais quel caprice, s'agite, détermine le possible à l'être, et pousse l'être à tous les degrés de l'existence jusqu'à l'homme. Après s'être développée dans la nature inorganique, dans le règne végétal et le règne animal, la Volonté arrive dans l'homme à la conscience. C'est à ce moment que s'achève l'incurable malheur, déjà commencé dans l'animal avec la sensibilité. La souffrance existait déjà, mais sentie plutôt que connue : à ce degré supérieur, la souffrance se sent et se connaît; l'homme comprend que l'essence de la volonté est l'effort et que tout effort est douleur. Voilà la découverte qui ravira à l'homme son repos, et dès lors l'être ayant perdu son ignorance est voué à un supplice qui n'aura de terme que la mort arrivée à son heure ou provoquée par la lassitude et par l'ennui. Vivre, c'est vouloir, et vouloir c'est souffrir ; toute vie est donc par essence douleur. L'effort naît d'un besoin; tant que ce besoin n'est pas satisfait, il en résulte de la douleur, l'effort lui-même devient fatigue ; quand le besoin est satisfait, cette satisfaction est illusoire, tant elle est passagère ; il en résulte un nouveau besoin et une nouvelle douleur. « La vie de l'homme n'est qu'une lutte pour l'existence, avec la certitude d'être vaincu. »

De cette théorie de la volonté sortent deux conséquences : la première, c'est que tout plaisir est négatif, la douleur seule est positive ; la seconde, c'est que plus l'intelligence s'accroît, plus l'être est sensible à la douleur ; ce que l'homme appelle par la plus insigne des folies le progrès, n'est que la conscience plus intime et plus pénétrante de sa misère.

Que devons-nous penser de cette théorie ? Tout repose sur l'identité ou l'équivalence de ces divers termes qui forment ensemble comme une équation continue : volonté, effort, besoin, douleur. Est-ce l'observation qui établit dans leur dépendance réciproque les différents termes de cette équation ? Assurément non, c'est un raisonnement tout abstrait et systématique auquel l'expérience n'est nullement favorable. Que dans ces formules elliptiques, très-contestables en elles-mêmes, parce qu'elles dévorent les difficultés avec les problèmes, que la vie soit toute volonté, nous y consentons, en élargissant démesurément le sens ordinaire de ce mot pour lui permettre de contenir le système ; mais que toute volonté soit douleur, voilà ce qu'avec la meilleure grâce du monde nous ne pouvons admettre ni comprendre. La vie, c'est l'effort, soit ; mais pourquoi l'effort serait-il nécessairement douleur ? Nous voilà arrêtés dès le premier pas de la théorie. Est-il vrai d'ailleurs, ou dans quel sens l'est-il, que tout effort naisse d'un besoin ? Enfin, si nous sommes essentiellement une activité, l'effort qui est la manifestation de cette activité, l'effort qui est la force en action, est en conformité parfaite avec notre nature ; pourquoi se résoudrait-il en peine ?

Loin de naître d'un besoin, c'est l'effort qui est le premier besoin de notre être, et il se satisfait en se développant, ce qui est incontestablement un plaisir. Sans doute il rencontrera des obstacles, il aura à lutter contre eux, souvent il s'y brisera. Ni la nature ni la société ne sont en harmonie parfaite avec nos tendances, et dans les rencontres de notre activité avec le double milieu qui l'enveloppe, les phénomènes physiques et les phénomènes sociaux, il faut avouer que c'est le conflit qui prédomine. De là bien des peines, bien des douleurs ; mais ce sont des conséquences ultérieures, non des faits primitifs. L'effort en lui-même, dans un organisme sain, est une joie ; il constitue le plaisir primitif le plus pur et le plus simple, celui de se sentir vivre ; c'est lui qui nous donne ce sentiment, et sans lui nous n'arriverions pas même à nous distinguer des dehors qui nous entourent, à percevoir notre être propre, perdu dans la molle et vague harmonie des objets coexistants. Qu'il y ait fatigue par l'abus de l'activité qui nous constitue, qu'il y ait douleur par l'effet naturel de cette activité contrariée, cela est trop évident ; mais où prend-on le droit de nous dire que par essence l'activité est un tourment ?

C'est pourtant en cela que se résume la psychologie du pessimisme.

Un instinct irrésistible porte l'homme à l'action et par l'action soit à un plaisir entrevu, soit à un bonheur espéré, soit à un devoir qu'il s'impose. Cet instinct irrésistible est l'instinct même de la vie, il l'explique et la résume. En même temps qu'il développe en nous le sentiment de l'être, il mesure la vraie valeur de l'existence. L'école pessimiste méconnaît ces vérités élémentaires ; elle répète sur tous les tons que la Volonté, dès quelle arrive à se connaître, se maudit elle-même en se reconnaissant identique à la douleur et que le travail, auquel l'homme est condamné, est une des plus dures fatalités qui pèsent sur son existence.

Sans exagérer les choses d'un autre côté, sans méconnaître la rigueur des lois sous lesquelles se déploie la vie humaine et l'âpreté des milieux dans lesquels elle est comme encadrée, ne pourrait-on pas opposer à cette psychologie trop fantaisiste un tableau qui en serait la contre partie, celui où l'on représenterait les joies pures d'un grand effort longtemps soutenu à travers les obstacles et à la fin victorieux, d'une énergie d'abord maîtresse d'elle-même et devenue maîtresse de la vie, soit en domptant la mauvaise volonté des hommes, soit en triomphant des difficultés de la science ou des résistances de l'art, du travail enfin, le véritable ami, le vrai consolateur, celui qui relève l'homme de toutes ses défaillances, qui le purifie et l'ennoblit, qui le sauve des tentations vulgaires, qui l'aide le plus efficacement à porter son fardeau à travers les longues heures et les jours tristes, celui à qui cèdent pour quelques moments les plus inconsolables douleurs ? En réalité le travail, quand il a vaincu les premiers ennuis et les premiers dégoûts, est par lui-même et sans en estimer les résultats un plaisir et des plus vifs. C'est en méconnaître le charme et les douceurs, c'est calomnier étrangement ce maître de la vie humaine qui n'est dur qu'en apparence, que de le traiter comme le traitent les pessimistes, en ennemi. Voir sous sa main ou dans sa pensée croître son œuvre, s'identifier avec elle, comme disait Aristote[1], que ce soit la moisson du laboureur, ou la maison de l'architecte, ou la statue du sculpteur, ou un poème ou un livre, qu'importe? Créer en dehors de soi une œuvre que l'on dirige, dans laquelle on a mis son effort avec son empreinte et qui le représente d'une manière sensible, cette joie ne rachète-t-elle pas toutes les peines qu'elle a coûtées, les sueurs versées sur le sillon, les angoisses de l'artiste soucieux de la perfection, les découragements du poète, les méditations parfois si pénibles du penseur? Le travail a été le plus fort, l'œuvre a vécu, elle vit, elle a tout racheté d'un seul coup, et de même que l'effort contre l'obstacle extérieur a été la première joie de la vie qui s'éveille, qui se sent elle-même en réagissant contre ses limites, ainsi le travail, qui est l'effort concentré et dirigé, parvenu à la pleine possession de lui-même, est le plus intense de nos plaisirs, parce qu'il développe en nous le sentiment

---

[1]. Ἐνεργείᾳ δ ποιήσας τὸ ἔργον ἔστι πως (Ethic., IX, 7).

de notre personnalité en lutte avec l'obstacle et qu'il consacre notre triomphe au moins partiel et momentané sur la nature. Voilà l'effort, voilà le travail dans sa réalité.

Nous sommes au cœur du pessimisme. S'il est prouvé que la volonté n'est pas nécessairement et par essence identique à la douleur, s'il est acquis à la vie et à la science que l'effort est la source des plus grandes joies, le pessimisme n'a plus de raison d'être. Poursuivons cependant l'examen des thèses secondaires qui viennent se grouper autour de cet argument fondamental.

Tout plaisir est négatif, nous dit Schopenhauer, la douleur seule est positive. Le plaisir n'est que la suspension de la douleur, puisque, par définition, il est la satisfaction d'un besoin et que tout besoin se traduit par une souffrance; mais cette satisfaction, toute négative, ne dure pas même, et le besoin recommence avec la douleur. C'est le cercle éternel des choses : un besoin, un effort qui suspend momentanément le besoin, mais en créant une autre souffrance, la fatigue, puis la renaissance du besoin et encore la souffrance; — et l'homme s'épuise, et l'existence se passe à vouloir toujours vivre sans motif raisonnable, contre le vœu de la nature qui lui fait la guerre, contre le vœu de la société, qui ne l'épargne pas : toujours souffrir, toujours lutter, puis mourir, c'est la vie; à peine a-t-elle commencé qu'elle est finie, elle n'a duré que par la douleur.

Cette thèse du caractère purement négatif du plaisir est un degré de paradoxe où M. de Hartmann lui-même n'a pas suivi Schopenhauer. Il est d'un bon exemple de voir les chefs du pessimisme aux prises les uns avec les autres : cela rassure la conscience du critique. M. de Hartmann fait très-justement remarquer que son maître tombe dans la même exagération où Leibniz était tombé[1]. Le caractère exclusivement négatif que Leibniz attribuait à la douleur, Schopenhauer l'attribue

---

1. XIIIe chapitre de la IIIe partie, *Philosophie de l'Inconscient*. Les textes que nous citons de la *Philosophie de l'Inconscient*, ici et ailleurs, sont tirés de la savante et fidèle traduction de M. Nolen.

au plaisir. Tous les deux se trompent également, bien qu'en sens inverse. On ne conteste pas que le plaisir puisse résulter de la cessation ou de la diminution de la souffrance ; mais on prétend que le plaisir est autre chose, qu'il est cela d'abord, plus quelque chose. On peut même ajouter qu'il y a plusieurs ordres de plaisir qui n'ont à aucun degré leur origine dans la suspension d'une douleur et qui succèdent immédiatement à l'état de parfaite indifférence. « Les plaisirs du goût, le plaisir sexuel au sens purement physique et indépendamment de sa signification métaphysique, les jouissances de l'art et de la science, sont des sentiments de plaisir qui n'ont pas besoin d'être précédés d'une douleur, ni d'être descendus d'abord au-dessous de l'état d'indifférence ou de parfaite insensibilité pour s'élever ensuite positivement au-dessus de lui. » Hartmann conclut ainsi : « Schopenhauer se trompe sur la caractéristique fondamentale du plaisir et de la douleur : — ces deux phénomènes ne se distinguent que comme le positif et le négatif en mathématiques;

on peut indifféremment choisir pour l'un ou l'autre des termes comparés le nom de positif ou celui de négatif. » Peut-être serait-il plus exact encore de dire que l'un et l'autre sont des états positifs de la nature sensible, qu'ils ont en eux quelque chose de réel et d'absolu, qu'ils sont des actes (ἐνέργειαι, comme disait Aristote), qu'ils sont à titre égal des réalités, expressions également légitimes de l'activité qui nous constitue.

Y a-t-il plus de vérité dans cette autre proposition, dont Schopenhauer fait la contre-épreuve de son axiome fondamental, à savoir que plus l'être est élevé, plus il souffre, ce qui résulte de ce principe que toute vie est par essence douleur? Là où il y a plus de vie accumulée dans un système nerveux perfectionné, plus de vie sentie par une conscience, la douleur doit croître en proportion. La logique du système l'exige et Schopenhauer prétend que les faits sont d'accord avec la logique. Dans la plante, la Volonté n'arrive pas à se sentir elle-même, ce qui fait que la plante ne souffre pas. L'histoire naturelle de la douleur commence avec la vie qui se sent ; les infusoires et les rayonnés souffrent déjà ; les insectes souffrent plus encore, et la sensibilité douloureuse ne fait plus que croître jusqu'à l'homme ; chez l'homme même cette sensibilité est très-variable, elle atteint son plus haut degré dans les races les plus civilisées et, dans ces races, chez l'homme de génie. Comme c'est lui qui concentre dans son système nerveux le plus de sensation et de pensée, il a acquis pour ainsi dire plus d'organes pour la douleur. D'où l'on voit quelle chimère c'est que le progrès, puisque sous un nom mystérieux ce n'est que l'accumulation dans le cerveau agrandi de l'humanité d'une plus grande somme de vie, de pensée et de souffrance.

Nous reconnaissons volontiers que certains faits d'observation psychologique et physiologique semblent donner raison à cette thèse du pessimisme. Il n'est pas douteux que l'homme souffre plus que l'animal, l'animal à système nerveux plus que celui qui en est privé. Il n'est pas douteux que la pensée en s'ajoutant à la sensation n'ajoute à la souffrance. Non-seulement l'homme perçoit, comme l'animal, la sensation douloureuse, mais il l'éternise par le souvenir, il l'anticipe par la prévision, il la multiplie dans une proportion incalculable par l'imagination ; il ne souffre pas seulement comme l'animal du présent, il se tourmente du passé et de l'avenir : ajoutez à cela l'immense contingent des peines morales, qui sont l'apanage de l'homme et dont l'animal reçoit à peine quelque atteinte passagère, bientôt effacée sous le flot des sensations nouvelles. Voici une étude de physiologie comparée sur *la Douleur* qui conclut formellement dans le même sens. « Il est probable qu'il y a, suivant les individus, les races et les espèces, des différences considérables dans la sensibilité. Et c'est ainsi qu'on peut en général expliquer les différences que ces individus, ces races et ces espèces présentent dans leur manière de réagir contre la douleur. » Il convient de faire des réserves sur ce qu'on appelle vulgairement le courage à souffrir. La différence dans la manière de réagir contre la souffrance physique paraît ne pas tenir autant à un degré différent de volonté qu'à un degré différent de sensibilité, la douleur étant très-vive dans un cas et très-affaiblie dans l'autre. Un médecin de marine affirme avoir vu des nègres marcher sur des ulcères sans paraître souffrir, et subir sans crier de cruelles opérations. Ce n'est pourtant pas par défaut de courage qu'un Européen criera pendant une opération qu'un nègre supporterait sans sourciller, mais bien parce qu'il souffrira dix fois plus que le nègre. Tout cela tend à établir qu'il y a entre l'intelligence et la douleur un rapport tellement étroit, que les animaux les plus intelligents sont ceux qui sont capables de souffrir le plus. Dans les différentes races, la même proportion s'observe exactement. La loi paraît donc être celle-ci : « La douleur est une fonction intellectuelle d'autant plus parfaite que l'intelligence est plus développée[1]. »

Il semble que la thèse de Schopenhauer

---

[1]. *La Douleur, étude de psychologie physiologique*, par M. le docteur Richet, *Revue philosophique*, novembre 1877.

trouve ici une sorte de confirmation. Hartmann reprendra plusieurs fois cet argument et le développera sous toutes ses faces. La conclusion est toujours la même : c'est que l'homme médiocre est plus heureux que l'homme de génie, l'animal plus heureux que l'homme, et dans la vie l'instant le plus heureux, le seul, c'est le sommeil, le sommeil profond et sans rêve, quand il ne se sent pas lui-même. Voilà l'idéal renversé. » Qu'on pense au bien-être dans lequel nous voyons vivre un bœuf ou un pourceau ! Qu'on pense au bonheur proverbial du poisson dans l'eau ! Plus enviable encore que la vie du poisson doit être celle de l'huître et celle de la plante est bien supérieure à la vie de l'huître. Nous descendons enfin au-dessous de la conscience et la souffrance individuelle disparaît avec elle. »

Cette conclusion très-logique contient ce que l'on peut appeler la réfutation par l'absurde de la thèse pessimiste. Conduite à ses dernières conséquences, cette thèse nous révolte, et en nous révoltant nous suggère une réponse très-simple. Qui ne voit que la loi de la vie ainsi formulée n'est pas complète ? Il y manque une contre-partie essentielle. La capacité de souffrir croît, je le veux bien, avec l'intelligence ; mais peut-on douter que la capacité pour un nouvel ordre de jouissances, absolument fermé aux natures inférieures, ne se révèle en même temps et qu'ainsi les deux termes opposés ne croissent exactement dans les mêmes proportions ? Si la physiologie du plaisir était aussi avancée que celle de la douleur, je me tiens pour assuré que la science positive nous donnerait raison, comme l'observation morale le fait déjà.

L'intelligence élargit la vie dans tous les sens, voilà le vrai. L'homme de génie souffre plus que l'homme médiocre, soit ; mais il a des joies au niveau de sa pensée. Je suppose que Newton, quand il trouva la formule exacte de l'attraction, condensa dans un seul moment plus de joie que tous les bourgeois de Londres réunis ne pouvaient en goûter durant une année entière, dans leurs tavernes, devant leur pâté de venaison et leur pot d'ale. — Pascal souffrit pendant les trente-neuf années que dura sa pauvre vie. Pense-t-on que la vision claire et distincte des deux infinis que personne n'avait saisis jusqu'alors d'un si ferme regard dans leur analogie mystérieuse et dans leur contraste, pense-t-on qu'une vue pareille n'ait pas rempli ce grand esprit d'un bonheur proportionné à sa grandeur, d'une joie dont l'ivresse surpassait toutes les joies vulgaires et qui emportait pour un moment toutes les peines ? Qui n'aimerait mieux être Shakspeare que Falstaff, Molière que le bourgeois gentilhomme, comblé de richesse et de sottise ? Et dans ces choix n'allez pas supposer que l'instinct nous trompe. Il n'est que l'expression de la raison; elle nous dit qu'il vaut mieux vivre « en homme qu'en pourceau, » quoi que Hartmann puisse prétendre, parce que l'homme pense, et que la pensée, qui est la source de tant de tortures, est aussi la source de joies idéales et de contemplations divines. Le comble du malheur, ce n'est pas d'être homme, c'est, étant homme, de se mépriser assez pour regretter de n'être pas un animal. Je ne prétends pas que ce regret n'ait jamais existé, il peut être l'expression grossière d'une vie vulgaire qui voudrait abdiquer la peine de vivre, tout en conservant la faculté de jouir, et c'est alors le dernier degré de l'avilissement humain; ou bien c'est un cri de désespoir sous le poids d'une douleur trop forte, un trouble et une surprise momentanée de la raison; en tout cas, on ne peut voir là l'expression philosophique d'un système. Un pareil paradoxe, froidement soutenu par les pessimistes, soulève la nature humaine qui, après tout, en pareille matière, est la seule autorité et le seul juge; comment veut-on s'élever au-dessus d'une pareille juridiction?

On l'a essayé pourtant. Schopenhauer a bien senti que c'était là le point faible du système, et c'est pour cela qu'il s'est avisé de cette merveilleuse invention qui a fait fortune dans l'école et dont nous avons retrouvé la trace dans l'auteur des *Dialogues philosophiques* : nous ne pouvons, dit-il, nous fier dans cet ordre d'idées au témoignage de la nature humaine, qui est le jouet d'une immense illusion organisée contre elle par des puissances supérieures. L'instinct est l'instrument par lequel cette pièce se joue à nos dépens : c'est le fil par lequel, pitoyables marionnettes que nous sommes, on nous fait dire ce que nous ne voudrions pas dire, vouloir ce que nous devrions haïr, agir au rebours de notre intérêt le plus évident. Schopenhauer est bien réellement l'inventeur de cette explication qui répond à tout. Vous invoquez contre les théories pessimistes la voix de la conscience, l'impulsion de nos penchants : c'est précisément cette impérieuse et décevante clarté de la conscience, témoignant contre l'évidence de nos intérêts, qui prouve qu'elle est l'organe de quelque pouvoir extérieur, lequel emprunte sa voix et sa figure pour nous mieux convaincre. Vous en appelez aux penchants : mais ne voyez-vous pas que chaque penchant est comme une pente secrète, préparée au dedans de nous par un maître artificieux pour nous entraîner vers son but à lui, un but entièrement différent du nôtre, opposé même aux fins que nous devrions poursuivre, contraire à notre vrai bonheur.

Ce sont là les ruses de l'Inconscient de Hartmann, les duperies de la Volonté de Schopenhauer. C'est le « dieu malin » de Descartes qui a remplacé le dieu-providence de Leibniz. Ce qui n'avait été qu'un jeu de logique tout provisoire, une hypothèse d'un moment pour Descartes, aussitôt rejetée par sa haute raison, devient une théodicée, une métaphysique, toute une psychologie. — Je n'y ferai qu'une simple objection. Nous pouvons nous étonner que « cette fraude qui est à la base de l'univers, » soit si aisée à saisir et à convaincre. On nous dit que, quoi que nous fassions, la Nature triomphera toujours, qu'elle a trop bien arrangé les choses, trop bien pipé les dés pour ne pas atteindre son but, qui est de nous tromper. On nous dit cela, mais on prouve le contraire. Eh quoi ! ce jeu a réussi pendant dix mille ans, cent mille peut-être, et le voici tout d'un coup dénoncé comme un jeu où la Nature triche avec nous ! Je ne puis admirer de confiance un jeu si mala-

CHAPITRE IV.

droit où un homme d'esprit lit couramment, saisit la fraude et la signale. Cette grande puissance, occulte et malfaisante[1], qui dispose de tant de moyens, qui a tant d'artifices, et de déguisements à sa disposition, se laisse surprendre si aisément par quelques-uns de ces pauvres êtres qu'elle cherche à tromper ! Il faut croire alors que ce ne sont pas de simples mortels, ceux qui échappent à des piéges si savamment tendus, qui les décrivent et les dénoncent aux autres. S'ils étaient hommes, ils devraient comme les autres subir ce machiavélisme qui les enveloppe, qui les pénètre jusque dans le fond de leur être, dans leur conscience, dans leurs instincts. S'y soustraire, c'est agir en dehors de cette nature dont ils font partie. Pour y réussir, il faut être autre chose et plus qu'un homme, un dieu, quelqu'un enfin qui soit en état de lutter contre ce tyran anonyme et masqué qui nous exploite à son profit.

1. . . . . *il brutto*
Poter che, ascoso, a comun danno impera.
Léopardi. *A se stesso.*

Tout cela est une série de contradictions manifestes, simples jeux d'esprit, encore de la mythologie pure; mais, la contradiction admise à la base de la théorie, comme tout s'explique et se déduit! S'il est vrai que nous soyons trompés, rien de plus clair que la démonstration du pessimisme : elle s'appuie précisément sur cette contrariété fondamentale de nos instincts et de nos intérêts, de nos instincts qui nous portent irrésistiblement à des sentiments ou à des actes funestes, tels que ceux par lesquels nous cherchons à conserver une vie si malheureuse ou à la perpétuer en la transmettant à d'autres qui seront plus malheureux encore. — L'intérêt suprême de l'Inconscient est l'opposé du nôtre : le nôtre serait de ne pas vivre, le sien est que nous vivions, nous, et que d'autres vivent par nous. L'Inconscient veut la vie, dit Hartmann, développant l'argument favori de son maître, il ne doit donc pas manquer d'entretenir chez les êtres vivants toutes les illusions capables de faire qu'ils trouvent la vie supportable, et même qu'ils y prennent assez de goût pour garder le ressort nécessaire à l'accomplissement de leurs tâches. Il faut en revenir au mot de Jean-Paul Richter : « Nous aimons la vie, non parce qu'elle est belle, mais parce que nous devons l'aimer; aussi faisons-nous souvent ce faux raisonnement : puisque nous aimons la vie, c'est qu'elle est belle. » Les instincts ne sont en nous que des formes diverses, sous lesquelles se déploie cette déraisonnable envie de vivre, inspirée à l'être vivant par celui qui l'emploie à son profit. De là l'énergie que nous dépensons follement pour protéger cette existence, qui n'est que le droit à souffrir; de là aussi ces faux jugements que nous portons sur la valeur moyenne des joies et des peines qui dérivent de cet amour insensé de la vie : les impressions que laissent en nous les désenchantemens du passé sont toujours modifiées par les illusions de nos espérances nouvelles. C'est ce qui arrive dans toutes les excitations violentes de la sensibilité, la faim, l'amour, l'ambition, la cupidité et toutes les autres passions de ce genre[1]. A chacune de ces excitations sont liées des illusions correspondantes qui nous promettent un excédant de plaisir sur la peine.

C'est à la passion de l'amour que le pessimisme fait la guerre la plus acharnée. On dirait que c'est un duel à mort entre Schopenhauer et les femmes qui sont les intermédiaires de l'insigne duperie dont l'homme est le jouet, les *instrumenta regni aut doli* entre les mains du grand trompeur. C'est en effet dans l'amour que se trahissent surtout le mensonge de l'instinct et « la déraison du vouloir. » — « Qu'on s'imagine un instant, dit Schopenhauer, que l'acte générateur ne résulte ni des excitations sensuelles, ni de l'attrait de la volupté, et ne soit qu'une affaire de pure réflexion ; la race humaine pourrait-elle subsister ? Chacun ne prendrait-il pas en pitié l'avenir de cette génération nouvelle, et ne voudrait-il pas lui épargner le fardeau de l'existence, ou du moins ne refuserait-il pas de prendre sur soi la responsabilité de l'en-

---

1. *Philosophie de l'Inconscient*, chapitre XIII, III° partie.

charger de sang-froid ? » C'est pour vaincre ces hésitations qui seraient mortelles au « vouloir-vivre, » que la nature a jeté sur les phénomènes de cet ordre toute la richesse et la variété des illusions dont elle dispose. Le grand intérêt du principe des choses, de cette Volonté rusée, c'est l'espèce, vraie gardienne de la vie. L'individu n'est chargé que de transmettre la vie d'une génération à l'autre ; mais il faut que cette fonction s'accomplisse, dût-il en coûter à l'individu son repos, son bonheur, l'existence même. A tout prix, le principe inconscient veut vivre, et ce n'est que par ce misérable moyen qu'il arrive à ses fins : il prend l'individu, il le trompe, il le brise à son gré, après l'avoir choisi dans des conditions spéciales. De là est né l'amour, une passion *spécifique*, qui, pour se faire accepter, se déguise en passion individuelle et persuade à l'homme qu'il sera heureux pour son compte, quand au fond il n'est que l'esclave de l'espèce, quand il s'agite et souffre pour elle, quand il meurt pour elle.

Tel est le principe de la *métaphysique de l'a-*

mour, une des parties les plus originales du *Monde comme volonté et comme représentation*, et dont Schopenhauer dit modestement [1] qu'il la considère « comme une perle. » Il revient sans cesse à cette théorie, qui lui était particulièrement chère, dans ses autres écrits, dans les *Parerga*, dans les conversations d'une verve intarissable qui nous ont été rapportées [2].

1. Dans les *Memorabilien*.
2. Voici une de ces conversations résumée dans un très-curieux article de M. Challemel-Lacour, qui vit Schopenhauer à Francfort dans les dernières années de sa vie :

« ... L'amour, c'est l'ennemi. Faites-en, si vous voulez, un luxe et un passe-temps ; traitez-le en artiste : le Génie de l'espèce, lui, n'est qu'un industriel qui ne veut que produire. Il n'a qu'une pensée, pensée positive et sans poésie, c'est la durée du genre humain... Les hommes travaillent pour le génie de l'espèce sans le savoir... Admirez, si vous le voulez, ses procédés ; mais n'oubliez pas qu'il ne songe qu'à combler les vides, à réparer les brèches, à maintenir l'équilibre, à tenir toujours largement peuplée l'étable où la douleur et la mort viennent recruter leurs victimes.

« Les femmes sont les complices de ce génie perfide de l'espèce. Elles ont accompli une chose merveilleuse, lorsqu'elles ont spiritualisé l'amour. Peut-être c'en était fait de lui et du genre humain : les hommes, fatigués de souffrir, et ne voyant nul moyen de se dérober jamais, eux ni leurs enfants, aux misères qui les accablaient et

A vrai dire, il n'est pas aisé de mettre « cette perle » en lumière. C'est en physiologiste plutôt qu'en philosophe que Schopenhauer traite cette délicate question, avec un raffinement de détails, un humour, une sorte de jovialité lugubre qui se plaît à ôter tous les

que la culture leur rendait chaque jour plus sensibles, allaient peut-être prendre enfin le chemin du salut en renonçant à l'amour. Les femmes y ont pourvu. C'est alors qu'elles se sont adressées à l'intelligence de l'homme et que tout ce qu'il y a de spirituel dans l'organisation féminine, elles l'ont consacré à ce jeu qu'elles appellent l'amour.

« Tenez, j'ai soixante-dix ans. Si je me félicite d'une chose, c'est d'avoir éventé à temps le piége de la nature ; voilà pourquoi je ne me suis pas marié. Les grandes religions ont toutes vanté la continence, mais elles n'ont pas toujours compris ce qui fait de cette vertu la vertu souveraine...... Elles n'y ont vu que le déploiement d'une énergie sans but, le mérite d'obéir à une loi fantasque, de supporter une privation gratuite, ou bien de s'imposer je ne sais quelle pureté incompréhensible... Le vrai prix de cette vertu, c'est qu'elle mène au salut : préparer la fin du monde, telle est la suprême utilité des existences ascétiques. A force de prodiges et d'aumônes, l'apôtre de la charité sauve de la mort quelques familles, vouées par ses bienfaits à une longue agonie ; l'ascète fait davantage : il sauve de la vie des générations entières. Les femmes, en l'imitant, auraient pu sauver le monde. Elles ne l'ont pas voulu. C'est pourquoi je les hais. »

(*Revue des Deux-Mondes*, 15 mars 1870).

voiles, à déconcerter toutes les pudeurs, à épouvanter tous les *cants* britanniques et autres, comme pour mieux convaincre l'homme de la folie d'aimer. A travers les excentricités et les énormités d'une science à la fois technique et rabelaisienne, que n'arrête aucun scrupule, il arrive à peindre avec une étonnante vigueur, de son point de vue exclusif, cette lutte dramatique du génie de l'espèce contre le bonheur de l'individu, cet antagonisme couvert de sourires et de fleurs, caché sous l'image perfide d'une félicité infinie, d'où résultent toutes les tragédies et aussi les comédies de l'amour. — Qu'y a-t-il dans l'amour le plus éthéré ? Un pur instinct sexuel, le travail de la génération future qui veut vivre aux dépens de la génération présente et la contraint de s'immoler à son aveugle et irrésistible désir. C'est ce qu'un poëte contemporain, pessimiste à ses heures, traduisait naguère avec cette sauvage énergie[1] :

---

1. L. Ackermann. *L'Amour et la Mort*. — *Poésies philosophiques*.

« Ces délires sacrés, ces désirs sans mesure,
Déchaînés dans vos flancs comme d'ardens essaims,
Ces transports, c'est déjà l'humanité future
    Qui s'agite en vos seins. »

Ceux qui s'aiment savent-ils bien ce qu'ils font ? Entraînés, aveuglés par l'instinct qui les éblouit de ses prestiges, non-seulement ils travaillent à leur propre infortune (car il n'est pas d'amour qui n'aboutisse à des catastrophes et à des crimes, et pour le moins à des ennuis sans remède et à un long martyre) ; mais de plus, les imprudents, les criminels ! en semant la vie, ils jettent dans l'avenir la semence impérissable de la douleur : « Voyez-vous ces amants qui se cherchent si ardemment du regard ? Pourquoi sont-ils si mystérieux, si craintifs, si semblables à des voleurs ? — Ces amants sont des traîtres, qui là, dans l'ombre, complotent et cherchent à perpétuer dans le monde la douleur : sans eux, elle s'arrêterait ; mais ils l'empêchent de s'arrêter, comme leurs semblables, leurs pères, l'ont déjà fait avant eux. L'amour est un grand coupable, puisqu'en transmettant la vie, il immortalise la souffrance. » Son histoire se résume en deux illusions qui se rencontrent, deux malheurs qui s'échangent, un troisième malheur qu'ils préparent. — Roméo et Juliette, c'est ainsi que le philosophe de Francfort explique en plein XIX° siècle, aux applaudissements de l'Allemagne savante et lettrée, votre poétique légende ! Il n'y veut voir, sous les mensonges de l'instinct qui vous trompait vous-mêmes, que la fatalité physiologique. Quand vous avez échangé le premier regard qui vous perdit, au fond, le phénomène qui se passait en vous n'était que le résultat « de la méditation du génie de l'espèce », qui cherchait à rétablir avec votre aide le type primitif « par la neutralisation des contraires, » et qui, satisfait sans doute de son examen, déchaîna dans vos deux cœurs cette folie et ce délire ! Ce fut un simple calcul de chimie. Le génie de l'espèce jugea que les deux amoureux « se neutraliseraient l'un et l'autre, comme l'acide et l'alcali se neutralisent en un sel ; » dès lors le sort de Roméo et celui de Juliette furent décidés. Plus de trêve ;

la formule chimique les condamnait à s'aimer, ils s'aimèrent à travers tous les obstacles et tous les périls, ils s'unirent à travers la haine et la mort. Ils moururent de cet amour. Ne les plaignez pas trop ; s'ils avaient vécu, auraient-ils été plus heureux ? Pour l'espèce, cela eût mieux valu ; pour eux, non. Un long ennui aurait succédé à l'ivresse et vengé le pessimisme. Roméo vieilli et désenchanté, Juliette enlaidie et maussade, grand Dieu, quel tableau ! Laissons les deux amants de Vérone à la tombe qui garde leur jeunesse, leur amour et leur gloire.

Dans toute cette chimie et cette physiologie de l'amour, Schopenhauer ne tient nul compte de la fin véritable qui élève et légitime l'amour, en le payant au centuple de ses sacrifices et de ses peines, la formation de la famille et la création du foyer. On peut mesurer ce bonheur à la douleur qui remplit l'âme quand la mort vient éteindre la flamme de ce foyer et en briser à jamais les pierres vivantes. L'excès même du malheur, en ce cas, prouve l'immensité du bonheur que l'on a un instant connu.

— Schopenhauer oublie aussi la forme la plus pure que l'amour puisse revêtir dans une âme humaine, grâce à la faculté d'idéaliser, sans laquelle on n'expliquera jamais ni la science, ni l'art, ni l'amour. De même qu'il suffit d'une sensation pour exciter toutes les énergies de la pensée et lui faire produire, en certaines circonstances, les œuvres les plus admirables du génie, dans lesquelles presque toute trace de la sensation primitive aura disparu, ainsi c'est le propre de l'homme de transfigurer ce qui n'est qu'un instinct animal, d'en faire un sentiment désintéressé, héroïque, capable de préférer la personne aimée à lui-même, et le bonheur de cette personne à la poursuite passionnée du plaisir. Cette faculté d'idéaliser tout ce qui le touche, l'homme l'exerce aussi loin que va son empire; c'est par elle que l'amour se transforme, change d'essence et perd dans sa métamorphose presque tout souvenir de son humble point de départ. La science retrouve l'universel dans une sensation limitée, l'art crée des types que les formes réelles suggèrent et ne contiennent pas l'amour s'affranchit de l'instinct qui l'a fait naître et s'élève jusqu'au don de soi, jusqu'au sacrifice. Voilà par où l'homme se reconnaît, par où il échappe à la nature ou plutôt crée une nature nouvelle où sa personnalité se consacre et s'achève.

Telle est, dans toutes les questions qui touchent à la vie humaine, l'infirmité radicale du pessimisme : il en omet tout ce qui la relève et l'ennoblit; c'est un exemple caractéristique par lequel on peut juger l'étroitesse et l'infériorité du point de vue où se place cette école pour estimer le prix de la vie et déclarer après examen que la meilleure ne vaut pas le néant.

CHAPITRE V

**Les argumens de Hartmann contre la vie humaine.
Le bilan des biens et des maux.**

M. de Hartmann s'emploie avec une singulière habileté à résoudre spécialement ce problème posé par Schopenhauer : « Étant donné le total des biens et des maux qui existent dans le monde, établir la balance. » De là une analyse étendue des conditions et des états de la vie, sous le rapport du plaisir et de la douleur; c'est l'objet d'un chapitre considérable intitulé *la déraison du vouloir-vivre et le mal-*

heur de l'existence[1]. Nous devons en donner une idée.

Il y a, nous le savons déjà, trois formes possibles de l'illusion humaine sur le bonheur: ou l'homme le conçoit comme un bien qui peut être atteint dans l'état présent du monde, réalisable sur cette terre, sous certaines conditions, pour l'individu actuel; ou comme un bien réalisable pour l'individu dans une vie transcendante après la mort; ou enfin comme un bien réalisable par le progrès dans l'avenir de l'humanité, comme le but du *processus* du monde. C'est à la première forme d'illusion que s'attache particulièrement M. de Hartmann, essayant de prendre le contre-pied de l'imagination humaine et de lui démontrer qu'elle est la dupe et la victime d'une prodigieuse mystification dans l'estime qu'elle fait des biens de la vie actuelle. Il ne peut lui échapper que c'est cette sorte d'illusion qui est la plus tenace, la plus indéracinable; c'est

---

1. Le XIII° chapitre de la troisième partie de la *Philosophie de l'Inconscient*.

elle qu'il combat avec toutes les forces de l'analyse et de la dialectique. Car c'est un fait incontestable que l'homme, même malheureux, aime la vie, qu'il l'aime non-seulement dans un vague avenir ou dans un ordre transcendant, mais dans ses conditions actuelles, si misérables et si précaires qu'elles soient. C'est donc sur cet instinct mystérieux que le pessimisme doit porter des coups décisifs ; à tout prix il faut démontrer la folie du *vouloir-vivre*.

Il est inutile pour cela d'appeler en témoignage les philosophes anciens ou modernes, les Platon ou les Kant, les Schelling ou les Hegel. On doit se défier de ces opinions des grands hommes, justement parce qu'elles émanent d'esprits supérieurs, affectés presque toujours de cette tristesse particulière du génie, qui vient de ce que le génie ne peut se sentir chez lui, dans ce monde inférieur à lui. Le monde doit être apprécié avec sa propre mesure et non avec celle du génie.

De plus, le monde dans son ensemble ne peut être jugé avec une exactitude suffisante qu'autant que le jugement porte sur la moyenne des existences qui le composent.

Ici se produit un fait curieux qui semble contenir une contradiction à moins qu'une analyse plus approfondie n'arrive à la résoudre. Interrogez chaque être successivement ; chaque être préférera sa vie au néant, mais il préférera le néant à la vie inférieure à la sienne. Qu'on prenne un bûcheron, un hottentot, un orang-outang, et qu'on demande à chacun d'eux ce qu'il aime le mieux du néant ou d'une vie nouvelle dans le corps d'un hippopotame ou d'un crabe. Tous répondront qu'ils aiment mieux le néant ; mais ils n'hésiteront pas à préférer leur propre vie au néant, et l'hippopotame et le crabe interrogés à leur tour tiendront le même langage. — D'où provient cette différence dans le jugement comparatif que chaque être porte sur sa propre vie et sur les degrés inférieurs de la vie des autres êtres ? Cela vient de ce que chaque être ainsi interrogé, au moment de se prononcer, se met avec son intelligence actuelle à la place et dans le corps de l'être inférieur. Il est naturel qu'il juge l'existence de cet être insupportable; elle le serait en effet sous d'autres conditions, avec un degré d'intelligence plus développée. Mais on oublie, en se prononçant de la sorte, que si l'on vivait sous cette forme inférieure d'existence, on n'aurait pour la juger qu'une intelligence du même degré. La différence entre le jugement que le crabe porterait sur sa propre condition et celui que je porte sur la vie du crabe, vient donc uniquement de ce que le crabe a des illusions grossières que je ne partage pas, et que ces illusions lui donnent un excédant de félicité imaginaire, toute subjective, qui lui fait préférer sa vie au néant. Le crabe pourtant n'a pas tort, il a même évidemment raison ; le prix de l'existence ne peut être mesuré pour chaque être qu'à sa propre mesure ; en ce sens, l'illusion vaut autant pour lui que la vérité.

Tirez la moralité de cet ingénieux apologue ; elle saute aux yeux. A chaque forme d'être correspond une quantité d'illusions proportionnée à l'élévation et à la perfection relative de cette forme. L'intelligence de l'être supérieur peut bien juger la vie inférieure parce qu'elle est placée au-dessus d'elle et en dehors des conditions qui lui sont propres ; elle ne peut juger la sienne propre. Elle peut bien dissiper l'atmosphère d'illusions que l'être inférieur porte avec lui, elle ne peut se soustraire aux conditions d'illusion qui lui sont faites à elle-même ; elle ne le peut du moins qu'avec peine, à force de méditations douloureuses ou dans des circonstances exceptionnelles, ce qui est le cas du génie. Reconnaissez à ce trait l'action perpétuelle et mystérieuse de l'*Inconscient*. C'est lui qui est le véritable auteur de tous ces jugements faux portés sur la vie ; c'est lui qui ayant créé les êtres avec certains instincts et une certaine sensibilité, doit agir aussi par ces instincts et cette sensibilité sur la pensée consciente et la déterminer dans le sens de son désir propre de vivre. C'est lui qui voulant la vie, et, pour atteindre des fins déterminées, telle ou telle vie particulière, entretient chez les êtres vivants toutes les illusions capables de faire qu'ils trouvent la vie supportable et même qu'ils y prennent assez de goût pour travailler de tout cœur à leur tâche.

Voilà pourquoi chaque être, en absolvant sa vie propre, condamne la vie inférieure à la sienne : incapable de juger la sienne, il juge la vie de l'être inférieur telle qu'elle est réellement et sans illusion. Remontez l'échelle des êtres, des êtres inférieurs aux êtres supérieurs et de ceux-ci aux êtres possibles que l'on peut supposer supérieurs aux êtres réels que nous connaissons. Une intelligence totale et absolue condamnerait la vie totale comme notre intelligence relative condamne la vie partielle. Ce qu'une intelligence absolue ferait assurément, nous pouvons le faire dans une certaine mesure. Nous pouvons, jusqu'à un certain point, nous affranchir de l'illusion par la science : le génie déjà s'en affranchit et c'est là le secret de son incurable mélancolie. — Voici une autre conséquence de bien grande portée : si le développement de l'intelligence dans l'homme l'amène à se convaincre de la déraison du *vouloir-vivre*, le développement progressif de l'intelligence dans le monde amènera infailliblement tous les hommes à reconnaître l'absolue vanité de toute chose par la ruine insensible de toutes les illusions. L'humanité s'élèvera en moyenne avec le temps à un degré d'intelligence et de science où un petit nombre d'esprits cultivés ont pu s'élever aujourd'hui. Le monde sera donc d'autant plus malheureux qu'il arrivera en vieillissant à un degré supérieur de conscience. Le plus raisonnable serait d'arrêter au plus tôt le développement du monde et le mieux eût été de l'anéantir au moment de son apparition ; le mieux eût été même que le vague désir de l'être n'eût jamais troublé le repos éternel du possible.

De ces considérations préliminaires qui ont une grande importance dans la pensée de Hartmann, passons à l'examen comparé des biens et des maux de la vie.

Nous avons vu que Hartmann se sépare de Schopenhauer sur la question du caractère purement négatif du plaisir, opposé au caractère positif de la douleur. Il accorde à son maître que le plaisir est très-souvent un phénomène indirect et négatif, la cessation ou la diminution de la souffrance, mais il prétend que le plaisir n'est pas seulement cela, qu'il est autre chose, qu'il est quelquefois ou *positif* (bien que reposant sur l'illusion), comme l'amour, ou *réel*, comme l'art et la science. Mais il faut savoir à quel prix ces biens s'achètent, et quand même ils auraient quelque réalité, la question serait de savoir s'ils peuvent entrer en ligne de compte avec les maux. Bien que s'écartant sur ce point essentiel de l'opinion de Schopenhauer, pratiquement et dans l'application Hartmann arrive à des conséquences qui ne sont pas sensiblement différentes de celles de son maître sur le rôle prédominant de la douleur. On peut réduire tout ce raisonnement à quelques argumens principaux, en les dégageant des digressions et des discussions *à côté* :

1° Le philosophe ne peut vraiment appeler plaisirs que ceux qui viennent d'une satisfaction immédiate et directe de la volonté, et non ceux qui proviennent de la cessation d'une souffrance ou de la disparition d'un déplaisir.

2° La nature de la vie organique, spécialement des fonctions nerveuses sur lesquelles repose la conscience, amène ce résultat nécessaire que le plaisir doit avoir un terme, comme la souffrance. — L'excitation, la fatigue des nerfs font naître ce besoin étrange de la cessation du plaisir même. Une jouissance trop prolongée devient un supplice intolérable. D'autre part, une souffrance qui cesse devient-elle un plaisir? Non, elle nous laisse irrités contre elle et moins reconnaissants envers la fortune qui nous en a délivrés que mécontents de l'avoir subie. Dans les deux cas contraires, il y a donc un excédant du mal sur le bien.

3° De nombreuses circonstances physiologiques ou autres interceptent ou diminuent la conscience du plaisir, tandis que la peine éveille inévitablement la sensation ou le sentiment correspondants.

4° La satisfaction donnée à la volonté est très courte; la conscience du plaisir dure à peine un moment, tandis que la contrariété que subit la volonté dure autant que la volonté en acte; et puisqu'il n'y a presque aucun moment où une volonté n'agisse pas réellement, on peut dire que la contrariété est éternelle et n'est interrompue que par les rapides et fausses joies que nous devons à l'espérance.

5° Enfin, et c'est là un point capital, il n'est pas vrai que le plaisir soit une compensation suffisante de la douleur, et à ce propos M. de Hartmann pose le problème sous cette forme mathématique : quel coefficient ou exposant doit-on fixer à un degré du plaisir pour qu'il soit l'équivalent d'un degré de douleur? A coup sûr ce coefficient n'est pas égal à l'unité. Il est probable qu'il faut bien des unités de plaisir pour faire l'exacte compensation d'une unité de douleur. C'est ce que pensait Pétrarque : *Mille piacer non vagliono un tormento*. Schopenhauer, commentant cette parole mélancolique en tire cette conclusion qu'un monde où la douleur se rencontre d'une manière générale est, dans toutes les conditions et quelle que soit la somme de félicité qu'il présente, un état pire que le néant.

— Hartmann à son tour développe avec

une ingénieuse et subtile complaisance la théorie des coefficients propres à diminuer toujours le plaisir et à laisser au contraire à la douleur toute sa force en l'augmentant même dans de notables proportions. Si j'ai le choix de ne rien entendre ou d'entendre pendant cinq minutes des sons faux et cinq minutes ensuite une belle musique ; si j'ai le choix de ne rien sentir ou de sentir d'abord une odeur infecte et ensuite un parfum ; si j'ai le choix de ne rien goûter ou de goûter d'abord un mets répugnant et ensuite un mets savoureux, je préférerai ne rien entendre, ne rien sentir ou goûter, quand bien même les sensations contraires de chaque espèce qui doivent se succéder seraient absolument égales, en apparence au moins, par le degré. — Il est vrai, et M. de Hartmann l'avoue de bonne foi, qu'il est bien difficile de constater cette sorte d'égalité. Mais sans qu'on puisse, au moins dans l'état actuel de la science, la déterminer mathématiquement, on ne peut pas douter que le plaisir ne doive être sensiblement supérieur en vivacité à la douleur de même espèce, pour que les deux s'équilibrent dans la conscience. Et si le fait est exact, quel argument terrible en faveur de la prédominance du mal dans le monde ! En admettant que la somme du plaisir et celle de la peine fussent égales, leur combinaison au sein du sujet donnerait un état inférieur à la pure indifférence : il y aurait un excédant considérable du mal sur le bien.

— Le monde ressemble à une loterie : les douleurs représentent la mise du joueur, les plaisirs représentent son gain ; mais le joueur n'encaisse les gains qu'avec une retenue correspondante à la différence qui existe entre les coefficients du plaisir et ceux de la douleur. A supposer l'égalité des gains et des pertes, le joueur se trouvera donc en déficit à la fin de sa journée ; car le banquier qui tient les cartes ne le paie qu'en monnaie d'un titre inférieur, et dans le cas où le joueur gagne autant de fois qu'il perd, il aura joué un jeu de dupe, il aura perdu. Il est vrai qu'il n'a pas été libre de refuser le jeu ; comme disait Pascal, on l'a embarqué malgré lui.

Ces lois, tirées de la constitution de la sensibilité, préjugent déjà la question et la résolvent même avant l'examen détaillé des biens prétendus de la vie. Suivons néanmoins Hartmann dans l'analyse qu'il va en faire et marquons-en les principaux résultats.

Il commence par établir qu'il y a un état d'indifférence qui serait assez bien représenté par le zéro du thermomètre. Tout phénomène, pour être appréciable et senti, doit s'élever au-dessus ou descendre au-dessous de ce niveau, qui est celui de la parfaite insensibilité. Cet état d'insensibilité absolue, c'est le néant dans la vie. Si vous y placez le bonheur, la question est tranchée, vous préférez le néant à la vie. Si vous préférez la vie, l'agitation, le mouvement, la variété des sensations, voyons si vous avez raison, et pour cela calculons quelle est la plus grande fréquence des cas, ceux où le thermomètre de la sensibilité marque un degré supérieur à zéro et ceux où il descend au-dessous.

Il y a d'abord les états de sensibilité que l'on donne généralement comme les plus grands biens de la vie, la santé, la jeunesse, le bien-être, la liberté d'action. Hartmann démontre que par eux-mêmes ces états ne procurent aucun plaisir positif, excepté dans le moment où ils succèdent aux états douloureux qui leur sont opposés. Tant que rien ne vient en troubler le cours, ils ne produisent que l'état de pure indifférence. Or, dans cet état il n'y a place pour aucune sensation ; mais tout ce qui s'abaisse au-dessous de ce niveau est amèrement ressenti sous forme de maladie, de vieillesse, de servitude et de besoin. Cela est bien évident pour la santé. On ne sent un membre que s'il est malade ; il faut avoir mal aux nerfs pour s'apercevoir qu'on a des nerfs, mal aux yeux pour songer à cet organe. De même pour la jeunesse : c'est le seul âge de la vie où se rencontrent la santé parfaite, le libre fonctionnement du corps et de l'esprit. Dès qu'elle disparaît, arrivent la fatigue, les incommodités de tout genre, et la capacité de jouir décroît sensiblement. La jeunesse n'est donc, comme le reste de ces biens négatifs, qu'une aptitude, une condition propice, l capacité de jouir, avec simple possibilité de posséder et de jouir, non encore la possession et la jouissance. Le bien-être n'est senti que par son absence; la certitude d'être à l'abri du besoin et des privations, est la condition *sine qua non* de la vie encore dépouillée et nue, qui attend les sensations propres à l'enrichir. Une vie saturée de bien-être est un tourment, si rien ne vient en combler le vide : ce tourment se traduit par l'ennui qui peut devenir insupportable au sein du bien-être le mieux assuré. Le travail est une grande ressource ; mais en soi c'est une peine, et l'on ne s'y décide que comme au moindre de deux maux, soit pour échapper à des maux positifs, le besoin, l'ambition, l'ennui, soit en vue de biens positifs supérieurs qu'il peut procurer, par exemple, la satisfaction de rendre la vie plus douce à soi-même et à ceux qu'on aime, ou de produire des œuvres méritoires. Tous ces prétendus biens, comme la liberté d'agir, la paix de l'âme, ne valent que par l'affranchissement de la douleur qu'ils nous procurent; or, qu'est-ce que cela, sinon l'état de pure indifférence ? Mais nous n'y arrivons que partiellement, momentanément et par hasard. Toute vie vaut donc moins que le non-être, qui est l'indifférence absolue et immuable.

Examinons maintenant les deux grands mobiles de toute activité : « Tant que la philosophie ne gouvernera pas la machine du monde, dit Schiller, la faim et l'amour sont les principaux ressorts qui en assurent le mouvement. » Voyons donc à quelles satisfactions ils aboutissent. Les souffrances de la faim sont infinies; elle règne en maîtresse absolue sur une grande partie de la terre; elle combat contre la vie dans les autres parties du monde; elle produit en beaucoup d'endroits la mort, dans tous l'appauvrissement physique et intellectuel de la race, la mortalité des enfants et mille maladies particulières qui ont pour cause qu'un homme ou qu'une famille a eu faim. Mettez en regard de tant de souffrances l'individu qui satisfait sa faim. Cela peut-il se comparer à la douleur de celui qui ne la satisfait pas? Les satisfactions de ce genre n'élèvent guère la sensibilité animale au-dessus de l'état de pure indifférence. Rappelons-nous le mot terrible de Schopenhauer : « Pour constater si dans le monde la jouissance l'emporte sur la douleur, ou du moins si l'une fait équilibre à l'autre, il suffit de comparer la sensation de la bête qui en dévore une autre aux sensations de celle qui est dévorée[1]. »

Après la faim, vient l'instinct sexuel qu'on ne peut confondre avec l'amour, mais qui contient pourtant, à ce que prétend Hartmann, « tout ce qu'il y a de jouissance réelle dans l'amour, rien n'étant que pure chimère en dehors du matériel de l'acte. » Oui, il y a là quelque chose de réel, mais quelle sensation aveugle et fugitive, même chez les animaux supérieurs ! Dans presque tout le règne animal, cet instinct ne s'attache spécialement à aucun individu ; il a un caractère purement générique. Si chez les vertébrés il y a une jouissance physique, capable d'intéresser l'égoïsme de l'individu, dans les espèces inférieures, il paraît bien que le plaisir est étranger à la

---

1. *Parerga*, II, 313.

reproduction, et que cet acte ne dépend que d'impulsions irrésistibles, non sans but, mais sans intention. Le but est dans la nature, il est étranger à l'animal. A voir les modes variés, indirects, suivant lesquels cet acte s'accomplit, il est facile d'induire que la jouissance y est vague, presque insignifiante. Dans les espèces supérieures, c'est autre chose; des combats terribles s'engagent entre les mâles et font payer d'un prix bien cher cette rapide jouissance. La continence forcée du plus grand nombre des mâles qui forment le troupeau du mâle vainqueur, les souffrances et la rage des vaincus l'emportent cent fois sur les plaisirs amoureux du mâle favorisé par le succès. Dans l'espèce humaine, surtout chez les races civilisées, les souffrances de la maternité sont bien plus grandes pour la femme que la somme des plaisirs correspondants. Mais nous avons là un exemple frappant des illusions que l'instinct impose au jugement. Qu'on se rappelle cette femme qui, après avoir subi heureusement plusieurs opérations césariennes, ne pouvait renoncer aux plaisirs de l'amour. C'est un exemple saisissant du pouvoir de l'Inconscient. Quant à l'homme, ce n'est qu'entre vingt-cinq et trente ans, dans les nations civilisées, qu'il est en état de fonder une famille. Et comment, dit Kant dans son *Anthropologie*, comment passe-t-il tout le temps de ce renoncement contre nature qui lui est imposé ? Presque toujours dans le vice, et ces vices émoussent le sens du beau, corrompent la délicatesse de l'esprit, produisent à la longue le pire des malheurs, l'immoralité.

L'amour est une création de l'homme ; il dérive de ce fait que l'union des sexes est subordonné à la recherche de telle ou telle personne, et que, grâce à l'imagination dont le pouvoir est indéfini, l'être humain se promet de la possession de cet objet, plus que de tout autre, une félicité illimitée. — Quel contraste dans la réalité ! Voici une pauvre fille, couturière ou servante, qui gagne à peine de quoi soutenir sa triste vie. Elle succombe un soir à l'irrésistible puissance de ce qu'elle croit l'amour, et de ce qui n'est au fond que la ruse toujours en éveil de l'Inconscient qui veut la vie. La voilà mère; que de souffrances atroces pour quelques rares et courtes jouissances! Puis, après l'accouchement, la voilà seule avec cet enfant qu'elle ne désirait pas. Elle n'a plus que le choix ou de le tuer ou de s'épuiser de travail pour deux, quand elle ne pouvait qu'à peine se soutenir elle-même, ou de se jeter dans le vice et d'assurer à sa jeunesse des ressources faciles qui lui préparent une vieillesse honteuse et une misère d'autant plus lamentable. « Et cela pour un pauvre morceau d'amour! » — Un autre fait et dans un autre ordre : l'amour qui a pour but la famille. Celui-là tombe sous le coup de cette terrible sentence de Schopenhauer que nous connaissons déjà, à savoir que l'acte générateur serait impossible s'il n'était ou le résultat des excitations de l'instinct ou l'irrésistible effet d'une sorte d'ivresse momentanée que crée la volupté. Commis de sang-froid, il ressemblerait à un crime envers cette génération nouvelle que l'on suscite à la vie. Une pareille responsabilité est pour faire reculer tous ceux qui n'ont pas perdu la raison [1].

Après tout le mal qu'on a dit de l'amour dans toutes les langues et les littératures du monde, après les invectives humoristiques du *misogyne* Schopenhauer, il était malaisé d'être original. M. de Hartmann a réussi pourtant à grouper, dans un tableau sinistre, toutes les misères et les déceptions du cœur. Pas un rayon ne tombe d'en haut sur cette sombre peinture. Tout y est dur et désenchanté. — Où l'amour est illégitime, il va contre la société, l'opinion et les lois, et alors que de peines et de périls, sans compter le vice et la dégradation ; ou bien il est légitime, et alors comme il s'éteint vite ! — Dans la plupart des cas, il s'élève entre les deux amants des obstacles invincibles, et de là des désespoirs sans remède ; dans les cas les plus favorables, qui sont rares, combien la félicité est illusoire ! C'est là cependant que l'instinct du *vouloir-vivre* résiste davantage et se venge le plus cruel-

---

1. *Parerga*, II.

lement quand on le contrarie, de sorte que l'on est placé entre deux maux extrêmes, dont il faut prendre l'un ou l'autre. Comparez d'ailleurs les souffrances de l'amour trompé avec les joies de l'amour satisfait. De combien les unes dépassent les autres en intensité et en durée! — Il arrive presque toujours que l'un des amants aime plus et mieux que l'autre. Celui qui aime le moins s'éloigne le premier et l'autre se sentant abandonné, meurt en détail chaque jour, à chaque heure, de cette trahison. La souffrance de la femme est au-dessus de toute mesure, parce que, victime prédestinée des ruses de l'*Inconscient*, elle se sacrifie plus profondément et complètement que l'homme à l'objet aimé.

L'amour qu'on appelle heureux, l'est-il? Même ici, la félicité repose tout entière sur une série d'illusions. Une première preuve en est que la joie de la possession est en proportion directe des obstacles vaincus; ce n'est donc pas tant la possession elle-même qui cause cette joie que la difficulté de vaincre les circonstances extérieures. Et quand ces obstacles ont été surmontés, la joie de la possession pâlit à côté des peines éprouvées. — L'idée sur laquelle cette joie repose est elle-même une dernière illusion ; la satisfaction reste absolument la même si l'on parvient à substituer, dans la nuit ou autrement, à la personne que l'amant croit posséder une autre personne avec laquelle sa volonté rougirait de s'unir[1]. Mais la meilleure preuve que l'on est dupe d'une illusion en se promettant dans l'amour une félicité infinie, c'est la rapidité avec laquelle cette joie s'évanouit. Qu'on se rappelle l'animal humain peint par Lucrèce en traits si énergiques, triste après cet éclair de jouissance. Et cette déception qui suit de si près l'ivresse ne fait que grandir chaque jour, elle finit par tout envahir ; la douleur de la déception

---

1. Cet argument semble avoir été inspiré à M. de Hartmann par la lecture d'un roman de M. Cherbuliez *Ladislas Bolski*, dans lequel se trouve racontée et analysée une aventure de ce genre ; au cas où la priorité de l'idée serait en faveur de M. de Hartmann, il faudrait voir là une rencontre singulière entre deux hommes d'imagination.

dépasse infiniment le plaisir ressenti. Le désenchantement se fait graduellement dans la conscience; il se révèle par deux jugemens consécutifs, l'un sur la chose en elle-même réduite à un tel néant, l'autre sur la personne aimée. Maintenant que la possession assurée lui rend sa clairvoyance, l'amant ne voit plus, dans l'objet idéal que son désir a créé, qu'un pauvre être humain, avec ses vices, ses faiblesses, ses laideurs même. Il s'aperçoit que son rêve a été celui d'un sot; mais l'amour-propre va le rendre hypocrite. Il ne veut pas s'être si lourdement trompé; non-seulement il cherche à cacher sa déception au monde, il voudrait la cacher à la personne aimée, devant laquelle il rougit des flatteries insensées qu'il lui adressait hier; il essaie de se la dissimuler, ce qui aggrave son chagrin. Il sent qu'il se ment à lui-même et il souffre à la fois d'avoir aimé, de ne plus aimer et de ne pas oser l'avouer ni à lui ni aux autres.

Après que cette douloureuse épreuve est faite, malheur à lui s'il recommence, il est averti. Voilà pourquoi le premier amour seul est un véritable amour; le second et le suivant sont trop contrariés par le souvenir d'une première expérience. Aussi Goethe dit-il à propos de Werther, dans *Vérité et Poésie* : « Rien ne contribue plus à ce dégoût de la vie qu'un second amour. Le caractère d'éternité, d'infinité, qui porte et élève l'amour au-dessus de tout le reste s'est évanoui; l'amour paraît éphémère comme tout ce qui recommence ». Et malgré toutes les raisons que lui donne la raison, l'instinct, qui est un *recommenceur*, ne se laisse pas détruire; ses réclamations sont si énergiques qu'on n'a plus le choix qu'entre deux maux. Comme disait Anacréon : « Χαλεπὸν τὸ μὴ φιλῆσαι, χαλεπὸν δὲ καὶ φιλῆσαι; il est difficile de ne pas aimer; il est également difficile d'aimer. » Reste un troisième parti[1], le parti d'Origène, que l'on peut prendre, non pas comme Origène au nom d'un bien supérieur auquel il voulait se dévouer sans réserve, mais en homme

---

1. Tome II, traduction citée, p. 394.

convaincu qu'au point de vue de l'égoïsme il vaut mieux déraciner en soi physiquement le besoin que de souffrir par lui de deux manières, en y cédant ou en y résistant. — Digne conclusion de cette philosophie, qui produit logiquement des eunuques, en attendant qu'elle fasse de l'homme, par l'abdication volontaire de la vie, un cadavre vivant.

Le mariage est jugé d'un mot que M. de Hartmann emprunte à Lessing : « Il n'y a tout au plus qu'une mauvaise femme au monde ; il est seulement dommage que pour chacun cette femme soit la sienne. »

Les sentimens de famille, l'amour des enfants, l'amitié, la compassion, tout est traité avec la même désinvolture, tout tombe sous le coup du même dogmatisme superficiel et tranchant. Le sentiment de l'honneur, l'estime publique, l'ambition, la passion de la gloire, dépendent de l'opinion des autres et par conséquent reposent uniquement sur l'imagination ; car mes peines et mes joies n'existent que dans ma tête, non dans celle des autres. Leur opinion sur mon compte n'a qu'une valeur imaginaire et de convention; elle n'a aucune valeur effective pour moi. — Les émotions religieuses trouveront-elles grâce au moins devant cette analyse ? Pas davantage, et d'ailleurs d'où viendrait le privilège d'un sentiment si factice ? Cette exaltation de l'être phénoménal qui veut arriver à sentir l'être absolu, qui le poursuit dans l'infini vide d'un ciel imaginaire comme l'objet d'une sensation et d'une jouissance, tout ce faux bonheur irréalisable en soi est de plus corrompu dans son illusion même par des souffrances profondes, par les tremblemens de l'âme pieuse effrayée de son indignité, par ses épouvantes à la pensée du jugement futur, par ses lamentations sur des iniquités que son imagination enfle ou crée à son gré. Le dévot est à la fois son propre dupeur et sa dupe, la victime et le bourreau.

Nous venons d'examiner deux espèces de biens, les uns qui ne sont que des états négatifs, des conditions d'un état d'indifférence, comme la santé, les autres qui sont des formes de plaisir *subjectivement réel*, fondées sur un excédant de félicité vainement espérée et par conséquent illusoire, comme l'amour. Voici une dernière catégorie, celle des plaisirs *objectivement réels*, les jouissances de l'art et de la science. « Ce sont enfin, s'écrie Hartmann, les oasis du grand désert. » Mais encore combien ne faut-il pas rabattre de ce grand éloge! Si nous retranchons de ces nobles joies attachées à la contemplation esthétique et à la connaissance scientifique tout ce qui n'est qu'apparence, affectation, dilettantisme de salon ou calcul positif, tout ce qui tient enfin à des raisons étrangères à l'art ou à la science, on verra s'évanouir la part la plus considérable de cette dernière forme et de cette suprême ressource du bonheur humain. Quant aux jouissances véritables qui resteront inscrites au budget d'une élite imperceptible de l'humanité, quel prix elles coûtent! Comme elles sont achetées cher par la peine, l'étude, le travail, par la nécessité d'apprendre la partie mécanique de chaque art ou de s'initier à toute la science antérieure! Il n'y a qu'un moment heureux celui de la découverte ou de la conception ; mais presque aussitôt succèdent à cet instant délicieux les longues heures de l'exécution mécanique, technique, de l'œuvre. Et puis viennent les déboires, les déceptions, les luttes contre l'envie, les disgrâces auprès du public. Ajoutez à cela l'organisation nerveuse des artistes et des savants, plus vive, plus vibrante au moindre choc que celles des autres hommes et vous verrez que les jouissances privilégiées du petit nombre s'expient par une capacité de douleur infiniment plus grande. — Ici, comme partout ailleurs, la conclusion est que la souffrance se proportionne exactement au développement de la conscience. Le bonheur n'existe qu'avec le monde minéral : c'est là l'état immobile et fixe, le zéro pur de la sensibilité au-dessus duquel nous nous agitons en vain.

En résumé, les prétendus biens de la vie humaine peuvent se classer ainsi : 1° ceux qui correspondent à l'état de pure indifférence et ne représentent que l'absence de certaines espèces de souffrance, comme la santé, la jeunesse, le bien être ; 2° ceux qui ne servent qu'à réaliser des fins étrangères et qui sont illusoires du moment où on les prend pour des fins véritables, comme le désir de la fortune et de la puissance ou le sentiment de l'honneur ; 3° ceux qui en moyenne causent beaucoup plus de souffrance que de plaisir, comme la faim, l'amour physique ; 4° ceux qui reposent sur des illusions que le progrès de l'intelligence doit dissiper, comme l'amour-sentiment, la piété, l'espérance ; 5° ceux qui sont clairement reconnus comme des maux et qu'on accepte pour échapper à d'autres encore plus redoutables, comme le travail, le mariage ; 6° enfin ceux qui procurent plus de plaisir que de peine, mais dont le plaisir est plus ou moins acheté par la peine, et qui d'ailleurs ne peuvent être le partage que d'un nombre d'hommes comparativement restreint, comme l'art et la science.

Tel est le bilan de la vie, tracé d'une main que l'émotion n'a pas fait trembler un seul instant. J'ai tenu à donner un aperçu fidèle de cette dialectique qui touche aux racines mêmes du cœur de l'homme, qui n'y touche que pour les briser et pour les flétrir et que n'a pas troublée la sympathie humaine. J'ai suivi jusqu'au bout ce théorème qui se développe avec une rigidité inflexible à travers tout ce qu'il y a de profond, d'intime et de délicat dans les raisons que l'homme a de vivre et de tenir à la vie, et qui ne laisse pas pénétrer, à travers le tissu de sa logique, une émotion, un cri, un seul accent qui trahisse la compassion ou le regret. S'il y a un accent, c'est celui d'une sorte de volupté logique, la joie froide de détruire la vie et de la conduire, en la désenchantant de tout, au néant. Nous ne perdrons pas notre temps à réfuter cette analyse, à montrer qu'il y a partout excès ou lacune dans ce tableau. Nous savons qu'à la fascination du néant l'attraction de l'activité résistera toujours victorieusement ; nous croyons inutile de démontrer qu'il y a du mal assurément, beaucoup de mal dans le monde, mais que le pire des maux, c'est la malédiction sur l'être, c'est l'abdication de la vie.

Nous n'examinerons donc pas les éléments fort arbitraires et les poids de fantaisie que l'on fait entrer dans cette balance de la vie humaine. Mais ce que nous voudrions, c'est bien marquer la distinction de ces deux questions fort différentes, que le pessimisme confond toujours : celle du prix de l'existence pour chacun de nous et celle du prix de l'existence considérée en soi, la valeur relative et la valeur absolue de la vie. La première question n'est pas susceptible d'une réponse péremptoire, et toutes les considérations subtiles, destinées à nous convaincre que nous devons être malheureux, sont de la peine et du temps perdus. Il n'y a pas de commune mesure ni entre les biens comparés les uns aux autres, ni entre les maux comparés entre eux, ni entre les biens et les maux : il n'est possible de les comparer ni dans le sujet, ni dans l'objet, ni dans l'acte qui les constitue. Ici tout essai d'analyse quantitative est chimérique ; la qualité des biens et des maux est le seul point de vue d'une comparaison plausible ; or la qualité n'est pas réductible en nombres. Donc pas de méthode de détermination précise, pas de tarif possible, pas de signe mathématique ou de formule qui expriment la valeur du plaisir et de la peine, et par conséquent l'idée de dresser le bilan de la vie humaine est une chimère. Il y a des bonheurs si vifs qu'un éclair de ces joies dévore une vie de misère; il y a des douleurs si intenses qu'elles dévorent en un instant et pour toujours une vie heureuse. D'ailleurs le plaisir et la peine contiennent un élément subjectif d'appréciation, une part toute personnelle de sensation ou de sentiment qui déjoue tous les calculs, qui échappe à toute loi d'évaluation, à toute appréciation du dehors. Comme le disait spirituellement un critique anglais[1] : Vous aimez mieux qu'on vous arrache une dent malade, moi j'aime mieux supporter le mal de dents ; qui jugera entre nous ? — L'un préfère épouser une femme belle et sotte, l'autre une femme laide et spirituelle ; qui a raison ? — La soli-

---

1. *Westminster Review*, january 1876. — Voir aussi sur ce sujet une savante et piquante étude de M. Réville dans la *Revue des Deux-Mondes* du 1ᵉʳ octobre 1874.

tude est une peine insupportable pour vous, c'est un plaisir pour moi. Lequel de nous deux a tort? Ni l'un ni l'autre. On pourrait multiplier à l'infini ces exemples que le bon sens et l'expérience de la vie suggèrent. Un matelot de Londres aime mieux son *gin* que le plus noble *claret* ; montrez-lui donc qu'il se trompe ! — Tel de vos amis adore les chansons comiques et bâille aux symphonies de Beethoven. Vous avez le droit de dire qu'il manque de goût ; que lui importe ? L'empêcherez-vous de s'amuser ? — Un homme est né avec un organisme solide, un cerveau bien constitué, des facultés bien équilibrées ; il se plaît à la lutte, à l'exercice de sa volonté contre les obstacles, hommes ou choses. Un autre est maladif, timide à l'excès ; son imagination et ses nerfs sont ouverts aux impressions exagérées ; la lutte l'effraie. C'est pour celui-ci, non pour l'autre que Hartmann aura raison de dire que l'effort est une peine et la volonté une fatigue. Qui décidera si cet état est absolument et en soi une peine ou un plaisir ? — Le sentiment du plaisir ou de la peine est le plaisir ou la peine même, le sentiment du bonheur se confond avec le bonheur. Vous me dites que ma vie est mauvaise; que m'importe, si je la trouve bonne? J'ai tort d'être heureux? soit ; mais je le suis, si je crois l'être. Il n'en est pas du bonheur comme de la vérité, il est tout subjectif : si l'on rêvait toujours et que l'on rêvât qu'on est heureux, on aurait été toujours heureux. — Tout bilan de la vie humaine dressé sur l'examen comparatif des peines et des plaisirs est faux par son point de départ, qui est l'appréciation individuelle de celui qui l'établit. Encore faut-il faire dans ces évaluations, avec la part de l'individu, celle du système et tenir compte de la nécessité que l'on s'est imposée d'avoir raison, même contre les faits.

Reste l'autre question, celle de la valeur de l'existence considérée en soi, de la valeur absolue qu'elle comporte. Cette question, la seule qui compte, est la seule qui soit complétement négligée par les pessimistes ; elle mérite d'être étudiée pourtant, mais elle ne peut être traitée que si l'on s'établit dans un tout autre ordre de considérations. Il règne dans toute l'analyse de M. de Hartmann une erreur fondamentale sur la signification et le sens de la vie. Si l'objet de l'existence est la plus grande somme de jouissances, il est possible, vraisemblable même, que l'existence soit un malheur. Mais si c'est Kant qui a raison, si le monde tout entier n'a qu'une explication et qu'un but, faire de la moralité, si la vie est une école d'expérience et de travail où l'homme a sa tâche à remplir en dehors des plaisirs qu'il peut prendre, si cette tâche est la création de la personnalité par l'effort, ce qui est la plus haute conception qu'on puisse se former de l'existence, le point de vue change entièrement, puisque le malheur même est un moyen et qu'il a son utilité, ses conséquences ordonnées et prévues dans l'ordre universel. Dès lors le système de la vie, tel que le développe Hartmann, est radicalement faux. S'il y a réellement un excédant de souffrance dans la moyenne de l'existence humaine, il ne faut pas s'empresser d'en conclure que le pessimisme a raison, que le mal de l'être est absolu, qu'il est urgent et nécessaire de convaincre l'humanité de la déraison du *vouloir-vivre* et de la précipiter le plus tôt possible dans le néant. Cet excédent de souffrances, s'il existe, est un titre pour l'homme. La vie, même malheureuse, vaut la peine d'être vécue, et la souffrance vaut mieux que le néant : elle crée la moralité et garantit un droit.

CHAPITRE VI

Le but de l'évolution du monde : le néant, dernier terme du progrès.

Il nous reste à rechercher comment les apôtres de cette religion nouvelle du pessimisme qui a déjà ses fanatiques et ses martyrs, prétendent combattre ce mal radical de l'existence, par quels procédés ils espèrent même le détruire. En même temps se révélera à nous le principe d'action que l'on nous propose comme seul digne de l'humanité nouvelle. C'est ici en effet que s'opère le passage des théories pures du pessimisme à la philosophie pratique. Après qu'il a fait table rase dans la raison et dans la conscience de l'homme, après qu'il nous a dépossédés de toutes les fins illusoires autour desquelles s'agitait notre incurable misère, il nous doit bien de les remplacer et de nous assigner un motif raisonnable de vivre, un but vers lequel nous puissions diriger utilement notre vie errante dans le vide, dispersée dans l'inutile, sacrifiée à des chimères. C'est de la considération du *processus* universel et de la fin où il tend que se déduira le principe positif qui doit désormais régler l'action humaine. La logique exige que l'homme ne sépare plus sa cause de celle de l'univers et qu'il fasse, comme dit Hartmann, « des fins de l'Inconscient les fins de la conscience. » Sous deux aspects, c'est le même problème : renoncer à l'être pour soi-même, amener le Tout à s'anéantir.

Tel est dans sa vague et abstraite généralité l'important « concept de la délivrance, » qui occupe une si grande place dans la philosophie de la Volonté et dans celle de l'Inconscient. Il ne s'agit de rien moins que de racheter les souffrances de ce Prométhée cos .

mique, de l'être unique qui vit dans l'humanité, mais qui vit aussi dans le reste de la nature. Le mal suprême étant l'existence, la loi de la souffrance est universelle ; elle n'a ni exceptions ni limites, elle s'étend aussi loin que s'étend l'être, bien au delà du point obscur où la conscience éclôt, bien au delà même de celui où la forme organique apparaît ; elle retentit vaguement dans la vibration du dernier atome d'éther. Mais, si tout ce qui existe souffre, seule l'humanité sait qu'elle souffre, et seule elle peut travailler à la délivrance ; c'est grâce à elle que doit cesser ce tourment sans trêve que l'absolu s'impose à lui-même par cet effort vers l'existence toujours renaissant et toujours châtié par la douleur. Le remède, il est vrai, n'est pas d'une application aisée. Pour amener l'humanité à le concevoir, pour la convaincre de son efficacité, pour la décider à l'appliquer, il faudra bien du temps, de longs efforts, et de nombreuses générations de pessimistes s'épuiseront à cette tâche. Mais aussi quelle gloire de conduire le monde au terme suprême, au dénouement de cette tragédie lamentable où nous sommes jetés malgré nous, sans avoir été consultés, acteurs et spectateurs pêle-mêle, et dans laquelle nous avaient précédés tant de siècles silencieux, les innombrables et lentes évolutions de la vie organique et de la nature inorganique, victimes muettes de la même fatalité, personnages obscurs de ce drame infini et mystérieux des choses!

L'énigme de la douleur, qui est l'énigme même de l'univers, c'est donc l'homme qui est destiné à la trancher par la pensée et par l'action. Sur ce point, Schopenhauer et Hartmann s'accordent. Il faut voir avec quel accent mystique tous deux nous convient à l'œuvre du salut. On croirait entendre tantôt des prophètes, tantôt des mystiques, toujours des inspirés. « Nous savons, s'écrie Schopenhauer, imitant saint Paul[1], que toute créature soupire comme nous après sa délivrance, mais elle attend sa délivrance de nous qui sommes

---

1. *Romains*, VIII.

les premiers nés de l'esprit[1]. » — « Oui, répète Hartmann avec un sombre enthousiasme, nous sommes dans le monde comme les fils préférés de l'esprit, et nous devons combattre vaillamment. Que la victoire trahisse nos efforts, nous n'aurons rien du moins à nous reprocher. C'est seulement si nous étions faits pour vaincre et si nous perdions la victoire par notre lâcheté, c'est alors que nous tous (c'est-à-dire l'être du monde qui vit en nous), serions directement punis par nous-mêmes et condamnés à supporter plus longtemps le tourment de l'existence. En avant donc, travaillons au progrès universel, comme les ouvriers de la vigne du Seigneur[2]. » On le voit, c'est sur un ton religieux que ces philosophes exhortent les volontés hésitantes, les encouragent à se dépouiller de toutes les formes de l'égoïsme, qui n'est que la perversité obstinée à vivre contre son propre intérêt, contre l'in-

---

1. *Die Welt als Wille und Vorstellung*, 3ᵉ édition, I, p. 450.

2. *Philosophie de l'Inconscient*, II, p. 496 de la traduction.

térêt du monde entier; c'est au chant des cantiques et des hymnes pessimistes qu'on mène le grand combat de la mort contre la vie.

Essayons de nous rendre compte, d'après ces théories nouvelles, de l'évolution du monde et du but qu'elle poursuit. Le pessimisme seul, à ce que l'on nous assure, a pu saisir cette fin absolue des choses à la lumière toujours grandissante de son principe, avec le merveilleux instrument de sa logique implacable à tous les préjugés, indifférente à toutes les réclamations du sens individuel, sourde aux révoltes de l'instinct. La lecture attentive d'un chapitre de l'ouvrage de M. de Hartmann[1] nous mettra à même de résoudre cette grave question, d'où dépend celle de la délivrance du monde.

Il y a un but suprême à l'évolution de l'univers. C'est un axiome posé plutôt qu'un principe démontré par M. de Hartmann, que la série des fins ne saurait être infinie, que chaque fin, dans la série, n'est par rapport à la

1. Le XIVe de la troisième partie.

suivante qu'un moyen, qu'il faut de toute nécessité qu'il y ait une fin dernière ou suprême, à laquelle soient suspendues toutes les fins intermédiaires. Acceptons l'axiome pour ce qu'il est et pour ce qu'il vaut. Si la série des fins est nécessairement finie, quelle est celle de toutes les fins proposées que l'on peut regarder comme l'explication dernière et le terme du mouvement de l'univers ?

Est-ce le bonheur positif? Toute l'argumentation de la philosophie pessimiste a été dirigée d'avance contre une pareille solution. Qu'on se rappelle « les trois stades de l'illusion » parcourus instinctivement par l'expérience douloureuse de Leopardi, décrits scientifiquement par l'analyse réfléchie de Hartmann. — Le premier stade de l'illusion nous a conduits à cette vérité, que l'existence présente est mauvaise; on a reconnu dans le deuxième stade que la vie future est une illusion; enfin, le troisième stade nous amène à renoncer au bonheur positif, même sous la forme du progrès. Aucune période de l'évolution ne nous montre le bonheur positif réalisé; tous les âges s'accordent à nous découvrir que ses contraires, le malheur et la souffrance, se produisent seuls dans l'univers, et que le progrès du monde, en détruisant l'illusion et développant la conscience, ne fait qu'accroître le mal.

D'autre part, peut-on croire, sans déraison, que l'évolution du monde soit sa propre fin et qu'elle ne poursuive pas autre chose, dans les vicissitudes laborieuses de l'être, que le jeu puéril d'un spectacle varié qu'elle se donne à elle-même? — Évidemment non. Cela serait contraire à la sagesse absolue que M. de Hartmann reconnaît à l'Inconscient. Il implique contradiction d'admettre que l'évolution sans un terme idéal ou réel et par elle-même constitue un bien absolu. Elle n'est que la somme des moments successifs qui la composent : si chacun de ces moments n'a aucun prix ou représente une quantité négative, l'évolution totale n'a pas de sens. — Sera-ce la liberté, comme on le prétend quelquefois, qui sera le but du *processus* du monde? Mais de quelle liberté s'agit-il? De celle de l'individu? Comment l'isolement de la personne, sa séparation d'avec le Tout pourraient-ils être un bien absolu? Et s'il s'agit de la liberté du Tout, qu'est-ce que cela signifie? Si l'Inconscient est l'Un-Tout, rien n'existe en dehors de lui qui puisse exercer sur lui une contrainte.

Est-ce, comme Kant l'a soutenu, la moralité qui serait la seule fin raisonnable de l'évolution? A plusieurs reprises, Hartmann discute la question et la résout négativement. Selon lui, la moralité n'a de signification qu'au point de vue relatif des individus, c'est-à-dire qu'elle n'appartient qu'au monde des phénomènes, non à l'être véritable. — L'instinct de l'individualité, c'est la conservation de son être propre, et la forme nécessaire en est l'égoïsme. Égoïsme et individualité se tiennent essentiellement; avec l'égoïsme naît le mépris des droits d'autrui, quand ils sont en conflit avec notre intérêt, c'est-à-dire l'injustice, le mal, l'immoralité. Pour faire contre-poids aux maux nécessaires de l'égoïsme, l'Inconscient a mis dans le cœur de l'homme d'autres instincts, comme la pitié, la reconnaissance, le sentiment de l'équité et le désir de rendre le bien pour le mal, sans lesquels la société, submergée par l'égoïsme, ne pourrait pas subsister. Mais les effets merveilleux de la moralité et de la justice ne doivent pas nous tromper sur leur nature : elles ne représentent au fond que des idées abstraites, qui ne s'appliquent qu'aux rapports des individus entre eux ou avec des associations d'individus, mais qui n'ont aucun sens par rapport à l'être véritable, à l'Un-Tout. « Elles ne sont que des formes de relations entre les phénomènes ; elles ne peuvent avoir une valeur téléologique absolue. » — D'ailleurs, on démontre que, tandis que l'injustice augmente la souffrance dans le monde, la justice est impuissante à la diminuer. Elle ne fait que travailler au maintien du *statu quo* ; elle n'édifie rien qui n'existât déjà : son œuvre est de réparation, non de construction. Le bien que la charité fait dans le monde n'est rien auprès de la somme de maux que la violation de la justice y produit. « En tout cas, la moralité positive de l'homme charitable ne doit être considérée que comme un mal nécessaire, qui en prévient un plus grand. Il est plus fâcheux qu'il y ait des gens pour accepter des aumônes qu'il n'est bon qu'il y ait des gens pour les distribuer. » — Enfin, si la moralité était, selon la doctrine de Kant, la fin absolue du processus, on la verrait sans doute augmenter avec le temps, élever son niveau, s'étendre en surface, gagner en profondeur dans les différentes classes sociales. M. de Hartmann prétend que c'est là une pure illusion des philanthropes et des âmes sensibles. En réalité, la forme seule de l'immoralité a changé : le même rapport se maintient, à peu de chose près, entre l'égoïsme et la charité. Si l'on est choqué de la cruauté, de la brutalité des temps passés, il ne faut pas oublier que la droiture, la sincérité, le vif sentiment de la justice, le respect de la sainteté des mœurs caractérisent les anciens peuples, tandis que nous voyons régner aujourd'hui le mensonge, la fausseté, la perfidie, l'esprit de chicane, le mépris de la propriété, le dédain de la probité instinctive et des mœurs honnêtes, dont la valeur même souvent n'est plus comprise. La perversité est restée la même, mais elle a quitté le sabot et va en frac. Nous approchons du temps où l'injustice prendra des formes plus raffinées encore, où le vol et certaines fraudes, condamnés par la loi, seront méprisés comme des fautes vulgaires, comme une maladresse inférieure, sans qu'on y gagne rien que plus d'habileté à respecter le texte de la loi, tout en violant le droit d'autrui[1]. L'injustice ne se convertira pas : elle restera égale à elle-même, et la moralité ne sera pas accrue d'un iota parce que la légalité souffrira moins. Il y aura toujours, sous d'autres apparences, le même fond d'égoïsme et de cupidité : le budget de l'immoralité est invariable en ce monde.

Cette absence de progrès réel dans la réalité suffit, nous dit-on, à réfuter l'illusion de ceux qui prétendent, avec Kant, que l'univers n'a pas de but plus élevé que le règne de la justice sur la terre. Il faut chercher cette fin ail-

---

1. *Philosophie de l'Inconscient*, II, p. 346, 415, 465.

leurs, dans la direction où nous trouverons véritablement un progrès déterminé, constant, un perfectionnement graduel. Or un pareil signe ne se rencontre que dans le développement de la conscience que l'univers prend de lui-même, c'est-à-dire de la pensée dans laquelle l'être se réfléchit. Ici nous voyons le progrès se réaliser très-clairement et sans interruption, depuis l'apparition de la première cellule, jusqu'à l'humanité dans son état actuel, et vraisemblablement il se continuera plus loin encore, tant que le monde subsistera. Tout contribue à produire et à augmenter la conscience, non-seulement le perfectionnement du système nerveux qui lui sert d'organe, mais les conditions mêmes de l'individualité, le désir de la richesse, lequel, en augmentant le bien-être, affranchit l'esprit, la vanité, l'ambition, la passion de la gloire, ces stimulants de l'activité intellectuelle, l'amour des sexes qui amène le perfectionnement des aptitudes; bref, tous les instincts utiles à l'espèce, qui coûtent à l'individu plus de souffrances que de plaisirs, se convertissent en gain pur et toujours croissant pour la conscience.

Le développement continu de la conscience marque bien la direction dans laquelle nous devons chercher la fin de l'évolution universelle. Mais la conscience elle-même n'est qu'un moyen en vue d'une autre fin. Elle est sans doute la fin la plus élevée qui existe dans le monde ; mais elle ne peut être ni une fin absolue, ni sa propre fin à elle-même. Voilà ce qu'il faut bien comprendre : « Elle est engendrée dans la douleur, elle ne prolonge son existence que dans la douleur ; c'est au prix de la douleur qu'elle achète son développement. Et quelle compensation pour tant de maux ? Elle n'est que le miroir où l'être goûte la vaine satisfaction de se contempler. Encore si le monde était bon et beau, on pourrait approuver cette vaine complaisance. Mais un monde absolument malheureux, qui ne peut trouver aucune joie à voir sa propre misère, qui doit maudire son existence, du moment où il sait la juger, comment un tel monde regarderait-il ce redoublement apparent et purement idéal de soi-même dans le miroir de la conscience comme la fin raisonnable, la fin absolue de son être? N'y a-t-il pas assez de souffrances dans la réalité? Est-il nécessaire de les reproduire encore comme dans une lanterne magique? Non, la conscience ne peut être la fin suprême d'un monde dont l'évolution est dirigée par la haute sagesse de l'Inconscient. » Il faut donc chercher ailleurs une fin absolue dont le développement de la conscience soit seulement le moyen.

Cette fin ne peut être que le bonheur; nous y voici encore une fois fatalement ramenés. On a beau retourner la question dans tous les sens : il n'y a pas un autre principe auquel un prix absolu puisse être attribué, que nous puissions considérer comme fin en soi, rien qui touche si profondément la nature propre, l'essence interne du monde. Tout ce qui vit tend au bonheur; c'est sur ce principe que reposent, malgré leurs formes diverses, tous les systèmes de philosophie pratique. L'aspiration au bonheur est l'essence même de la Volonté qui cherche à se satisfaire. — Mais quoi ! le bonheur n'a-t-il pas été déjà déclaré impossible ? Le pessimisme n'a-t-il pas démontré que ce désir est insensé, que tout n'est qu'illusion, déception, souffrance dans cette recherche, que le développement progressif de la conscience n'aboutit qu'à un résultat négatif et à une conclusion triste, la folie du désir du bonheur ? — Ici se révèle une antinomie : d'une part, le seul développement réel qui soit sensible dans le monde est celui de la conscience ; mais ce développement de la conscience n'est pas une fin par lui-même, il en exige une autre. Cette fin absolue ne peut être conçue en dehors du bonheur ; le bonheur est la seule chose qui représente la force d'un motif et la réalité d'une fin. — D'autre part, il ne peut y avoir de bonheur sous aucune forme réelle ni même possible de l'existence ; c'est un point sur lequel le pessimisme ne souffre pas de contradiction.

Quelle sera donc la solution de cette antinomie qui pose le bonheur à la fois comme nécessaire et comme impossible ? La solution est fort simple en soi, bien qu'inattendue : il ne peut y avoir de bonheur positif, et pourtant le bonheur est nécessaire; donc il peut, il doit y avoir un bonheur *négatif absolu*, qui est précisément la négation même de l'être, l'anéantissement total ; le meilleur état qui se puisse atteindre, c'est l'absence de toute souffrance, la plus haute félicité est de ne pas être. Le bonheur tout négatif de cesser d'être, voilà le but suprême, la seule fin logique des choses, l'explication du *processus* universel, la formule souveraine de la délivrance. — Or il n'est pas douteux que ce triomphe de l'idée sur le vouloir-vivre ne s'accomplisse tôt ou tard. En dehors de cette solution, il n'y aurait rien qu'une évolution sans fin, un *processus* que la nécessité ou le hasard viendrait peut-être quelque jour arrêter aveuglément. La vie serait absolument désolée et comme un enfer sans issue. « Pour nous, s'écrie Hartmann, qui reconnaissons dans la nature et dans l'histoire le mouvement grandiose et admirable d'un développement progressif, qui croyons au triomphe final de la raison de plus en plus éclairée sur les résistances et l'aveuglement du vouloir déraisonnable, nous confessons notre foi dans la réalité d'une fin, qui sera la délivrance de toutes les souffrances de l'existence ; et nous devons contribuer pour notre part, sous la direction de la raison, à achever et hâter l'œuvre suprême. » C'est ainsi que l'on arrive, par une conception raisonnée de l'évolution, à supprimer l'évolution elle-même.

Schopenhauer arrivait plus rapidement et plus directement à la même conclusion, par une déduction de la nature de la Volonté, qui, dès qu'elle se réalise, ne peut être qu'effort, fatigue, activité contrariée. Tout être souffre, disait-il, n'étant qu'un degré d'*objectivation* de la Volonté ; toute vie est d'autant plus douleur qu'elle se sent davantage, et, comme la vie humaine représente à son degré le plus intense le vouloir-vivre, elle représente le maximum de douleur dans le maximum de la conscience. Notre monde est, par la nature même de son principe, le plus mauvais des mondes possibles : de là se déduit immédiatement et sans tant de détourla nécessité scientifique du néant. Ainsi se rencontre, dans la même conséquence, le pessimisme résolu et absolu de Schopenhauer avec le pessimisme mixte et contradictoire de Hartmann, qui soutient que le monde est le meilleur des mondes possibles, étant donné le fait de son existence, lequel est la pire des choses. — Une déraison organisée logiquement, voilà pour lui le monde actuel ; une folie rationnellement administrée et conduite jusqu'au point où elle se convaincra elle-même qu'elle est une folie, voilà la délivrance.

CHAPITRE VII

Les expédients et les remèdes proposés par Schopenhauer contre le mal de l'existence. — Le Bouddhisme moderne.

La délivrance du mal de l'existence est le but de toute philosophie pessimiste; par quels moyens obtenir ce résultat? Avant d'aborder l'étude du grand remède, de celui qui doit être finalement appliqué au mal de l'existence, indiquons quelques-uns des remèdes provisoires qui ont été proposés par les philosophes pessimistes, non pour détruire le mal, mais pour le réduire, pour en suspendre momentanément ou les ravages ou le retentissement dans la conscience. Ces expédients, imaginés contre la sensation actuelle du mal, se réduisent à deux : la science et l'art. Par la science comme par l'art, le sujet du vouloir, l'individu, le malheureux esclave de la vie, peut échapper pendant quelques instants à la conscience de son individualité et atteindre un degré supérieur de liberté, de paix et de sérénité, où si peu qu'on s'y tienne on trouve quelque chose comme la promesse et l'avant-goût de l'affranchissement futur.

Examinons à ce point de vue l'art, sur lequel Schopenhauer, suivant Kant de très-près, le commentant, pour ainsi dire, a produit quelques vues remarquables. Quel est l'effet le plus certain de la jouissance esthétique? C'est la suppression momentanée de tout ce qui fait la fatigue de vivre, la suppression de l'égoïsme, un état de désintéressement complet dans la contemplation pure de l'idée. Dans cet état, l'esprit se dépouille lui-même de tout intérêt personnel et de la misère du vouloir, comme l'idée de l'objet se dépouille aux yeux de l'artiste des imperfections de l'objet particulier et s'idéalise devant notre pensée. D'une part, c'est l'affranchissement du sujet qui contemple, d'autre part, l'affranchissement de la chose contemplée, qui s'élève à l'état d'idée pure, d'idée platonicienne, en se dégageant des conditions du temps, de l'espace et de la causalité. « Tant que nous nous livrons à la foule précipitée des vœux, des espérances et des craintes continues, nous restons sujets de la volonté, et alors nous n'aurons jamais ni plaisir durable ni repos; le sujet de la volonté reste sous la roue tournante d'Ixion. Mais, lorsqu'une circonstance extérieure ou une disposition intérieure nous élève subitement au-dessus du torrent infini du vouloir, lorsque la connaissance affranchie saisit les choses libres de tout rapport avec la volonté, c'est-à-dire en dehors de tout intérêt personnel, s'abandonnant tout à fait à elles en tant que représentations pures et non en tant que motifs, alors le repos inutilement cherché ailleurs pénètre en nous et nous remplit de bien-être (autant du moins que cela est possible, le bien-être ne pouvant être que la suppression de la souffrance). C'est l'état sans douleur qu'Épicure estimait le plus grand bien et comme la manière d'être habituelle des dieux. Nous sommes délivrés de l'aride effort de la volonté. C'est comme le repos du sabbat que nous célébrons en nous sentant pour un instant affranchis du travail dans la prison correctionnelle du vouloir. Pour un instant, la roue d'Ixion s'arrête[1]. »

Heureux état que celui-là où l'esprit s'abandonne à l'intuition, s'y plonge tout entier, se laisse remplir par la contemplation de l'objet naturel ou de l'objet d'art qui est devant lui, soit un paysage, un arbre, soit un tableau de maître! « L'esprit se perd alors avec la conscience de lui-même, il ne subsiste plus que comme un sujet pur, affranchi de tout lien avec le vouloir, comme un miroir clair de l'objet, en sorte qu'il semble que l'objet soit seul là sans personne pour le percevoir...

---

1. *Die Welt als Wille und Vorstellung*, 3ᵉ édit., I, p. 231 et 210.

Celui qui a l'intuition ne se sépare plus de l'intuition elle-même; l'un et l'autre ne font plus qu'un. » L'objet n'existe plus, c'est l'idée qui existe, c'est la forme éternelle, et de même le sujet s'est élevé, s'est affranchi : il est libre du temps, libre de la volonté, libre de l'effort, libre du désir, libre de la douleur; il participe à l'absolu, à l'éternité de l'idée; il est mort à lui-même, il n'existe plus que dans l'idéal. Qu'importent alors les conditions et les formes de son individualité passagère ? Qu'importe, dans cet état de désintéressement absolu, si c'est du fond d'une prison ou d'un palais que l'on contemple un coucher de soleil? Il n'y a plus de prisonnier, il n'y a plus de roi; il n'y a plus qu'une intuition pure, une vision libre de l'idéal, une participation momentanée à l'*idée* de Platon, au *noumène* de Kant, dans l'oubli de la vie transitoire, du rôle qu'on y joue et du tourment quotidien un instant suspendu.

Ce serait le salut, si cet état pouvait durer; mais la durée d'un si délicieux repos est impossible. Ni pour le contemplateur de la nature, ni pour l'artiste, cette conception objective du monde et des choses ne peut être que passagère. La tension d'esprit exigée pour cela est toute factice et en dehors des conditions de la vie; la nature même du vouloir s'oppose à ce qu'elle se prolonge. Le train des choses et le cours du monde, un instant oubliés, recommencent aussi bien pour l'artiste et le savant perdu dans la contemplation des lois que pour le philosophe absorbé par la méditation de l'absolu. « Bientôt revient le moment où chacun devra agir avec ses semblables dans le grand jeu de marionnettes de la vie et où le contemplateur, rappelé brusquement à son rôle, sentira la ficelle par laquelle il est suspendu et mis en mouvement[1]. » Ce n'est donc qu'une libération momentanée que nous offrent la science et l'art. D'ailleurs, l'usage de tels moyens n'est pas à la portée de tous dans la rude bataille pour la vie que se livrent la plupart des hommes, pour qui le pain de

---

1. *Parerga*, 3ᵉ édit., p. 452.

chaque jour est le plus pressant des problèmes. Privilége d'une élite, ces expédients ne peuvent rien pour consoler la foule humaine et alléger le poids de sa misère ; provisoires et relatifs, ils ne servent qu'un instant, et la souffrance avec le souci a bientôt repris le dessus dans les vies les plus favorisées de l'idéal. Tout cela est bien insignifiant au prix de la quantité de malheur et de souffrance qui remplit le monde. Contre un mal universel et absolu, il faut de tout autres armes ; il en faut de mieux trempées, qui soient à la portée de tous les hommes, qui aillent chercher le mal profondément, jusque dans sa racine, et l'y détruire.

Existe-t-il un remède, universel et absolu comme l'est le mal de l'existence qu'il doit combattre ? Est-il d'une efficacité sûre, est-il d'une application facile ? On verra qu'il n'est pas si aisé qu'on pourrait le croire de convertir l'être en néant : l'être résiste à toutes les tentatives de ce genre par une force indomptable dont les deux types sont dans l'ordre physique l'indestructibilité de l'atome, dans l'ordre moral la persistance du *vouloir-vivre*. Comment donc opérer « ce passage de la sensibilité et du vouloir à l'insensibilité du non-vouloir et du non-être absolu ? » C'est ce que Hartmann se demande, sans se dissimuler la difficulté du problème. Il n'en essaie pas moins de franchir ce formidable passage, à la suite de Schopenhauer, et vingt-quatre siècles après une tentative analogue, celle que marque dans l'histoire religieuse de l'Orient le nom du Bouddha. Hartmann a-t-il mieux réussi que ses prédécesseurs dans ces voies étranges et périlleuses pour la raison ? Nos lecteurs en jugeront. Il nous a paru curieux de mettre en regard les trois solutions proposées sur l'anéantissement de l'être avec les commentaires et les critiques que chacune d'elles a soulevés, celle de Çakya-Mouni, rectifiée par Schopenhauer, celle de Schopenhauer détruite et remplacée par Hartmann. Nous verrons si la solution que nous offre la philosophie nouvelle de l'Inconscient présente moins de difficultés que les deux autres et soulève moins d'objections. Après tout, quand il s'agit de saisir toutes les énergies de la volonté humaine, toutes les forces de la nature, de les détourner de leur aspiration à l'être et de les retourner tout d'une pièce vers le néant, il est à craindre que les esprits ne se montrent quelque peu indociles, et l'on nous accordera bien qu'en pareille matière ils aient droit d'être exigeants. Au terme de cet examen comparé, une conclusion s'imposera à nous : c'est qu'en définitive il est bien difficile à l'univers de mourir, soit qu'on n'ait pas trouvé de bonnes raisons pour l'y déterminer ou le moyen de lui faire entendre raison, soit que le procédé pratique fasse défaut pour lui procurer le bienfait de cet anéantissement. Il est aisé de démontrer les souffrances de l'être et la nécessité d'en finir ; c'est le projet d'exécution qui laisse encore bien à désirer, même après ces trois grandes tentatives.

Qu'on le remarque : il ne s'agit ni pour le bouddhiste, ni pour le pessimiste fatigué de la vie, de mourir purement et simplement : se tuer est en vérité trop facile et ne résout rien. D'abord le suicide « nie l'individu, non l'espèce », que l'individu ne peut tuer avec lui ; encore moins nie-t-il la nature ; à bien voir les choses, il ne résout pas même la question de l'individu. Une mort de ce genre-là, toute matérielle, n'atteint pas l'essence de la volonté, qui survivra à cette forme éphémère, détruite par un coup de désespoir sans portée philosophique, sans résultat utile et sans avenir. Or ce n'est pas l'existence momentanée qu'il faut éteindre, c'est le principe de cette existence, ce que Schopenhauer appelle le *vouloir-vivre*, en détruisant le mensonge des formes et des phénomènes qui entretient l'absurde ténacité du désir. Voilà ce qu'il importe de supprimer en nous ; le reste n'est qu'un expédient sans valeur, un accident insignifiant. — Comme dit Schopenhauer, interprète exact de la pensée de Çakya-Mouni, le suicide, loin d'être la négation du vouloir-vivre, est l'affirmation de cette volonté à sa plus haute puissance[1]. Ce qui détermine cet acte, c'est l'amour de la vie porté

---

1. Voir sur ce point la *Philosophie de Schopenhauer*, par M. Ribot, p. 142, et les fragments traduits.

jusqu'à la haine de son contraire, la douleur. L'homme qui se tue, en réalité, veut la vie d'une certaine manière exclusive, il veut la vie heureuse; la privation du bonheur lui est insupportable, non l'existence elle-même. Si on lui ôtait sa souffrance, il se précipiterait de nouveau avec ivresse dans la joie de vivre. Ce n'est donc qu'une forme accidentelle de la vie que l'acte du suicide répudie, non la vie elle-même. Or la seule chose qui importe, qui ait un caractère moral, c'est la négation philosophique qui consiste à nier la vie non-seulement dans ses douleurs, mais dans ses plaisirs vides et son faux bonheur, à en reconnaître l'inanité, à en pénétrer la déraison.

A cette condition seulement, on peut espérer atteindre la racine de la vie et la trancher pour toujours. Tant que ce principe du *vouloir-vivre* n'est pas atteint, il suscite d'autres formes qui succèdent à la première, et le cercle de la misère humaine recommence. Le fond de la philosophie primitive et nationale de l'Inde est le dogme de la métempsycose, la croyance que les effets de nos bonnes et de nos mauvaises actions nous suivent, s'attachent à nous, ressuscitent avec nous à travers nos existences ultérieures, et en même temps la crainte, l'horreur même de ces existences successives qui ne sont ou qu'un mauvais rêve prolongé, ou qu'un supplice, continué sans trêve. C'est ce mauvais rêve qu'il faut faire cesser à tout prix, mais on ne le peut qu'en rompant le charme et en se convainquant soi-même que c'est un rêve. Ce supplice, déguisé sous les formes du désir et du plaisir, il faut le faire cesser, mais on ne le peut qu'en dissipant le prestige qui l'enveloppe et qui nous attire irrésistiblement à la souffrance. L'œuvre à faire est donc d'ordre intellectuel et moral, non physique. Ce n'est pas un coup de poignard qui détruira le charme, c'est la méditation, c'est l'ascétisme.—Schopenhauer arrive par un raisonnement analogue à la même conclusion, à la condamnation du suicide physique. Mais au dix-neuvième siècle on n'ose plus parler de métempsycose, on nous parle de palingénésie. La différence n'est pas grande. Pour Schopenhauer comme pour le Bouddha, pour Kapila, pour tous les philosophes hindous sans exception[1], il y a un principe d'être indestructible. Schopenhauer appelle la Volonté ce que les philosophes de l'Inde appellent Brahman, le fond mystérieux de tout être, la force universelle. Par la vertu de ce principe, rien de ce qui a été ne peut cesser d'être. De là deux conséquences, la renaissance indéfinie de l'être qui a cessé de vivre, moins l'intelligence et le souvenir, qui s'éteignent avec le sujet connaissant, — et la réapparition des qualités bonnes ou mauvaises, fruit des habitudes contractées dans les existences antérieures, ce qui constitue l'innéité du caractère dans tout homme venant en ce monde. — Soit la métempsycose, soit la palingénésie admise, le résultat est le même : le suicide n'est pas un remède, c'est un expédient ; celui qui se tue est un fou, il lègue à un successeur, qui sera lui-même, une volonté violente, enivrée des illusions de

---

1. Max Müller, *Essai sur les religions*, chapitre sur *le Bouddhisme*.

la vie, pour lesquelles il s'est stupidement frappé ; il n'a rien résolu, et tout est à recommencer. — Ce qui importe, ce n'est donc pas de mourir, mais de vivre en exténuant graduellement en soi la flamme de la vie, en persuadant avec une inflexible douceur au principe de l'être qu'on porte en soi de renoncer à lui-même ; c'est le suicide moral qui importe, le reste n'est rien.

C'est presque dans les mêmes termes que l'ancêtre philosophique de Schopenhauer, Çakya-Mouni, avait posé et résolu le problème de la délivrance. Ce qu'il ne cessait de recommander par son exemple et ses théories, c'était, non de supprimer l'accident de la vie, nécessaire pour nous fournir le temps et comme l'étoffe matérielle de la méditation, mais de détruire le vouloir impérissable qui soutient l'existence et la renouvelle sous d'autres formes ; c'était de s'élever à la conscience pleine et entière du malheur de l'être et de la déraison de tout désir, pour y puiser la force de mourir à soi, pour entrer après la mort dans le néant, pour cesser de renaître à la vie. « La vraie sagesse consiste à comprendre le néant de toutes choses, à désirer s'anéantir, s'éteindre, entrer dans le nirvâna ». La libération s'obtient par l'extinction complète. « Si l'existence fait le malheur, la non-existence fait le bonheur » ; tous ces termes équivalent entre eux. Quelles que soient les opinions différentes qui aient été soutenues sur l'interprétation du nirvâna, il paraît bien que c'est là l'interprétation véritable, au moins dans la pensée de Çakya-Mouni, avant qu'elle n'ait été adaptée et abaissée au niveau des croyances populaires[1]. L'expression la plus précise de cette doctrine se trouve dans la doctrine des *Svâbhâvikas*, traduite pour la première fois par M. Eugène Burnouf : « *Sûnyatâ* (l'anéantissement) est un bien (on pourrait dire le plus grand bien), quoiqu'il ne soit rien ; car hors de là l'homme est condamné à passer éternellement à travers toutes les formes de la nature, condition à laquelle le néant même est préférable ». Il semble établi par l'éty-

---

1. Max Müller, *ouvrage cité.*

mologie même du mot que l'âme humaine, dans le nirvâna, n'est pas absorbée, ainsi que s'expriment les brahmanes, comme une goutte dans l'Océan, mais qu'arrivée à sa perfection elle s'éteint comme une lampe, suivant l'expression consacrée des bouddhistes dans la stance célèbre qui a gardé la tradition de la mort de Çakya-Mouni : « Avec un esprit qui ne faiblissait pas, il a souffert l'agonie de la mort ; comme l'extinction d'une lampe, ainsi a eu lieu l'affranchissement de son intelligence ». L'affranchissement, c'est bien, ici le néant : que reste-t-il de la flamme quand elle est éteinte ?

La préparation au nirvâna, c'est l'ascétisme, c'est aussi la pratique de la sympathie universelle pour tout ce qui vit. L'individualité n'est qu'une illusion : « Tu es ceci, tu es cela, tu es toute chose », disait le Bouddha ; de là sa prédication « de la grande mansuétude, de la commisération » ; il ajoutait : « de la grande indifférence ». En même temps qu'il recommandait d'être doux aux autres êtres, il recommandait d'être implacable pour soi-même. Les règles de son enseignement moral, résumées dans les dix commandements destinés à ses disciples, sont d'une rigueur exemplaire; les observances imposées aux religieux et aux religieuses sont d'une austérité effroyable. Il leur était prescrit de se vêtir seulement de haillons ramassés dans les cimetières; ils ne pouvaient rien posséder, ils devaient vivre des restes recueillis dans leurs vases de bois, ils devaient résider dans les forêts, sans autre abri que le feuillage des arbres; ils pouvaient étendre leur tapis au pied de l'arbre choisi comme refuge, et s'y asseoir, mais il ne leur était pas permis de se coucher, même pour dormir. De temps en temps, ils étaient tenus à passer une nuit dans les cimetières pour y méditer sur la vanité de toutes choses[1]. — Lui-même, le Bouddha égalait et surpassait ce genre de vie qu'il imposait à ses disciples. — Il ne faut pas voir là quelque chose comme l'initiation à la vie

---

1. Max Müller, ouvrage cité, chapitre sur *Les Pèlerins bouddhistes*.

éternelle et un moyen de gagner le ciel : c'est l'initiation à la suppression graduelle de tout désir, l'apprentissage du néant.

C'est dans les *quatre vérités* que le Bouddha complète son enseignement en nous livrant les dernières formules de la délivrance et les opérations psychologiques qui l'accomplissent. Nous pouvons les résumer ainsi d'après l'exemple du Bouddha lui-même, recueilli par ses disciples et qui nous montre en acte la théorie qu'il avait enseignée. Le sage franchit le premier degré de la contemplation, lorsqu'il est arrivé à connaître la nature de toutes choses et qu'il n'a plus d'autre désir que celui du nirvâna ; mais là encore subsistent un sentiment du plaisir, le jugement et le raisonnement. Au second degré, le jugement et le raisonnement cessent ; au troisième degré disparaît même le sentiment vague de satisfaction provenant de la perfection intellectuelle ; au quatrième degré s'évanouit la conscience confuse de l'être : ici s'ouvrent les portes du nirvâna. Maintenant ce sont d'autres sphères, où la parole et la pensée ne peuvent qu'à peine saisir l'innommable et l'inintelligible. Quatre sphères s'échelonnent devant le Bouddha : la région de l'infinité en espace, la région de l'infinité en intelligence, puis la troisième sphère où il n'existe rien, enfin la quatrième où l'idée même de néant disparaît. Le nirvâna est accompli ; le pèlerinage a été rude et long : dans cette dernière région, c'est le vide de toute forme et de tout être, de tout concept : ni idées, ni absence d'idées. L'absence sentie d'idées serait encore une idée ; ici plus rien, pas même le sentiment du rien, qui serait encore quelque chose : c'est l'absolu rien.

Cette fois d'une région pareille on ne revient pas. Le nirvâna ne lâche pas sa proie. Voilà à quelle hauteur vertigineuse s'est élevée l'intelligence contemplative de cet ascète indien ; voilà ce qu'il a imaginé pour échapper à l'horreur de la transmigration, pour briser le cycle éternel des existences dans lesquelles le brahmanisme enfermait l'âme misérable, condamnée pendant l'éternité aux travaux forcés de la vie ; voilà ce qu'il a audacieusement tenté pour extirper dans l'homme jusqu'à la dernière racine de l'être. Que cette folie métaphysique, cette ivresse de la mort, cette poursuite passionnée du non-être, que tout cela ait été inventé et propagé, par une sorte de contagion irrésistible, parmi des races rêveuses, dans des populations innombrables, épuisées par la servitude et la misère, et qui trouvaient dans cet espoir désespéré le seul remède à l'horreur de revivre toujours en proie à la faim, à la soif, au travail implacable sous un climat de feu, tout peut se concevoir dans ces siècles d'énervant mysticisme et d'absolue ignorance, en face d'une nature hostile dont on n'avait pas encore mesuré les forces ni sondé l'inconnu. On pouvait croire qu'on était le maître de la vie et de la mort, qu'il suffisait de renoncer à l'être pour cesser d'être, et l'on pensait conjurer le spectre toujours renaissant de l'existence par une sorte d'innocente magie de l'âme qui supprimait graduellement en soi toutes les énergies et détruisait un à un tous les phénomènes. Mais en plein XIX° siècle, dans l'âge de la science expérimentale, quand les domaines du réel, du possible et de l'imaginaire sont si nettement tranchés, quand on a conquis ce critérium tardif qui permet non pas de tout savoir, mais de distinguer ce qu'on sait de ce qu'on ignore, qu'un homme aussi clairvoyant, aussi peu dupe de lui-même et des autres, aussi savant que Schopenhauer, imagine de reprendre la théorie du nirvâna, qu'il prétende détruire, non pas seulement la vie, mais l'être, qu'il recommence avec le sérieux d'un Bouddha cette œuvre déraisonnable, la théurgie du néant, voilà ce qui dépasse toute croyance ; voilà ce que nous avons vu pourtant de nos jours et ce qui mérite d'être placé sous les yeux du public comme un des phénomènes les plus étonnants dans un âge et une race scientifiques.

Au fond il y a peu d'originalité dans « le concept de la délivrance », tel que nous le propose Schopenhauer. Le bouddhisme est, sous une forme religieuse, l'expression anticipée de sa philosophie et de sa morale. Sur deux points seulement, on pourrait noter quelques différences, plutôt encore dans l'intention que dans le fait, entre les deux doctrines du nirvâna, celle de l'ascète hindou et celle du philosophe de Francfort. Schopenhauer procède, à ce qu'il s'imagine au moins, d'une manière toute logique et philosophique. Tandis que le mystique, dit-il (comme le Bouddha sans doute), *commence du dedans*, part de son expérience interne, individuelle, dans laquelle il se reconnaît comme essence éternelle, universelle, imposant tout ce qu'il dit comme devant être cru sur parole, parce qu'il est dans l'impossibilité de rien prouver, le philosophe, au contraire, part de ce qui est commun à tous, du phénomène objectif, du fait de conscience tel qu'il se trouve en chacun. Sa méthode, c'est la réflexion sur les données du monde extérieur, de l'intuition, telle quelle se trouve dans notre conscience; aussi est-il en état de prouver. Le mystique aboutit à une théologie : c'est à une cosmologie qu'aboutit le philosophe.

Un autre point sur lequel le philosophe allemand prétend différer du Bouddha, c'est qu'il aspire à l'affranchissement de l'espèce humaine tout entière et même de la nature, tandis que le nirvâna bouddhique est la récompense et le privilége des sages, de ceux-là seuls qui ont embrassé la morale des dix commandements et le système des quatre vérités. Schopenhauer a l'ambition d'étendre l'influence magique de ses opérations au delà de l'individu, jusqu'à l'humanité elle-même, au delà de l'humanité, jusqu'à l'univers. C'est dans l'homme que s'élève le plus haut la Volonté qui, prise en elle-même, est un désir aveugle et inconscient de vivre et qui a traversé tous les degrés de la nature inorganique, le règne végétal et le règne animal, avant d'arriver, dans le cerveau humain, à la conscience d'elle-même. Là est le dernier terme connu de la science de la Volonté : c'est à ce degré seulement que se pose l'alternative d'où dépendra son sort, son malheur éternel ou son repos définitif : l'affirmation ou la négation du désir. Il n'est pas naturel de supposer que la Volonté aille plus haut, et d'ailleurs à quoi bon, puisqu'à ce degré l'alternative se pose avec une parfaite clarté ? C'est donc de la décision de l'homme que dépendra non-seulement son avenir, mais celui de l'univers. C'est vraiment l'homme qui est le libérateur de la nature ; c'est de lui qu'elle attend sa rédemption ; il est à la fois le prêtre et la victime.

Quant aux procédés de la libération, ils ressemblent beaucoup à ceux que nous avons déjà vus à l'œuvre dans les opérations psychologiques et physiologiques de Çakya-Mouni, le dépouillement graduel de toutes les formes et de tous les phénomènes de l'individualité, le renoncement méthodique à soi, l'exercice de l'immolation et du sacrifice. — Si la Volonté, dans la redoutable alternative qui lui est posée, a choisi de se nier elle-même, « nous entrons, comme disent les mystiques, dans le règne de la grâce : c'est le monde vraiment moral où la vertu commence par la pitié et la charité, s'achève par l'ascétisme et aboutit à la libération parfaite ».

La base de la morale qui conduit à la délivrance, c'est la sympathie, c'est la pitié, c'est la charité. On croirait entendre un disciple du Bouddha : « Celui qui a reconnu une fois l'identité de tous les êtres ne distingue plus entre lui-même et les autres ; il jouit de leurs joies comme de ses joies ; il souffre de leurs douleurs comme de ses douleurs ; tout au contraire de l'égoïste qui, creusant un abîme entre lui-même et les autres et tenant son individualité pour seule réelle, nie pratiquement la réalité des autres... La pitié est ce fait étonnant, mystérieux, par lequel nous voyons s'effacer la ligne de démarcation, et le non-moi devenir en quelque façon le moi... La justice elle-même est un premier pas vers la résignation : sous sa forme vraie, elle est un devoir si lourd que celui qui s'y donne de tout son cœur doit s'offrir en sacrifice ; elle est un moyen de se nier et de nier son vouloir-vivre ». Ainsi les vertus ne sont vertus que parce qu'elles sont des moyens directs ou indirects de renoncement à soi-même ; toute la morale, comprise dans son vrai sens, est une abdication méthodique du sens propre, une extinction raisonnée de toutes les formes du désir, une immolation persévérante de la volonté qui est le fond de l'être, une négation philosophique de l'être lui-même.

Cette théorie des vertus est essentiellement

bouddhique; Çakya-Mouni n'hésiterait pas à reconnaître là un de ses adeptes préférés, un de ses religieux favoris. Mais pour nous qui avons fait une connaissance intime avec Schopenhauer grâce aux confidences de ses enthousiastes et de ses amis, particulièrement de M. Frauenstädt et de M. Gwinner, nous ne pouvons nous empêcher de sourire à la lecture de ces édifiants propos ; nous comparons involontairement cette prédication de la *grande mansuétude* avec la violence de ses haines, avec l'injustice et la brutalité savante de ses anathèmes contre ses adversaires, tout spécialement contre les hégéliens et les professeurs d'université, qu'il accuse de n'être que des « plats valets à genoux devant le pouvoir, des farceurs, des cagots, des hypocrites ». Que l'on relise tous ces beaux sermons sur le renoncement au sens propre, sur l'humilité nécessaire qui est une forme du dépouillement de soi, sur la douceur universelle et la pitié envers tout ce qui vit, et qu'on les rapproche de cette fureur chronique qui l'animait contre le public ingrat, contre la sottise humaine, contre « la canaille souveraine ». Ce doux ascète, qu'on dirait débordant de sympathie universelle, était le plus atrabilaire des hommes, un misanthrope exaspéré, un misogyne enragé. M. Frauenstädt a beau distinguer pour les besoins de sa cause et de son héros une misanthropie qui est désintéressée, et une autre qui est égoïste, la première objective et morale, née de la connaissance de la méchanceté en général et de l'horreur du vice, la seconde objective et immorale, qui s'adresse aux hommes eux-mêmes et en particulier à tels ou tels hommes. Toutes ces distinctions sont bien subtiles et n'empêcheront pas qu'une morale si désintéressée ne perde son effet sur les lèvres d'un homme dont le cœur était passionnément épris d'amour pour lui-même, enivré par l'exaltation du sens propre, rempli de mépris pour les autres.

La morale est l'initiation nécessaire au renoncement. Mais le procédé le plus actif de cette négation du vouloir-vivre, c'est l'ascétisme, la mortification régulière de ce désir aveugle par les pratiques qui domptent la chair sous les coups de la discipline ou par les privations les plus dures, épuisant la flamme corruptrice et malsaine de la vie jusqu'à ce qu'elle s'éteigne volontairement d'elle-même. C'est après la morale, l'apprentissage nécessaire de l'affranchissement et comme le second degré du noviciat dans la recherche du nirvâna : « Le corps étant la volonté devenue visible, nier le corps, c'est nier la volonté ». L'exemple a été donné de tout temps au monde, sans que le monde en ait compris la signification, sans que les martyrs volontaires aient toujours eux-mêmes bien compris la valeur et la beauté de ces mutilations sanglantes que les pénitents hindous et les fakirs offrent encore aujourd'hui en spectacle aux foules, — ou de ces pratiques rigoureuses, plus difficiles parce qu'elles ne sont pas soutenues par l'exaltation du spectacle, par lesquelles les anachorètes du christianisme et les saints éprouvaient leur force morale sur le corps meurtri et humilié.

Cela au moins est intelligible, sinon très-pratique; ce qui l'est moins, c'est le procédé que recommande Schopenhauer, et qu'il appelle la mort par inanition [1]. Il reconnaît, nous le savons, que le suicide direct et violent est un acte inutile et absurde, parce qu'il n'assure pas la négation de la Volonté ; mais il admet que la mort volontaire par inanition est la forme la plus parfaite sous laquelle cette négation puisse se réaliser. M. de Hartmann, très familier avec la pensée de Schopenhauer, déclare lui-même qu'il ne comprend pas bien ce que le Bouddha moderne a voulu dire ici. — Est-ce que pour tuer son corps on renoncerait à prendre de la nourriture ? Mais ce n'est là qu'un cas particulier de suicide, et celui qui se tuerait par la faim volontaire montrerait, aussi bien que celui qui se tue d'un coup de poignard, qu'il n'est pas en état de nier et de supprimer directement en lui le désir qui s'attache à la vie. — Peut-être Schopenhauer a-t-il voulu dire que, par un effort de la volonté se niant elle-même, on peut produire momentanément la suspension de toutes les

---

1. *Die Welt alls Wille*, 3ᵉ édit., II, p. 474.

fonctions qui dépendent de cette volonté, sous forme inconsciente, comme les pulsations du cœur, la respiration, la digestion, tous les actes physiologiques et les mouvements réflexes qui constituent en nous et garantissent la vie organique, et qu'alors le corps tomberait aussitôt en ruines comme un cadavre. Mais cela est impossible matériellement, et c'est une pure chimère que de croire qu'on pourrait se détruire ainsi[1].

Combien plus clair, plus efficace, plus direct est ce procédé de l'ascétisme qui consiste dans l'obligation d'une chasteté volontaire et absolue! C'est à celui-là que Schopenhauer convie l'humanité en termes pressants, incisifs qui n'admettent ni refus ni délais. Il nous invite à une extinction en masse de l'humanité future par une glorieuse et unanime résolution, par une sorte de suicide générique et collectif qui nierait non pas seulement la forme et la vo-

---

1. *Philosophie de l'Inconscient*, t. II, p. 491.

lonté individualisée dans le corps, mais le principe de la volonté dans l'espèce, en tarissant une fois pour toutes la source de la vie et le flot des générations. — Sur ce point Schopenhauer déploie une verve et une abondance merveilleuse d'arguments et d'exhortations, soit qu'il satisfasse ainsi à quelque rancune de sa misanthropie, spécialement dirigée contre les femmes dont l'attrait perpétue la folie de vivre, soit qu'il sente instinctivement que c'est là qu'il rencontrera le plus de résistance et comme une indocilité de parti-pris même chez ses sectateurs les plus fidèles.

C'est particulièrement de ce point de vue de la chasteté obligatoire qu'il juge les systèmes religieux, selon qu'ils sont plus ou moins propices à la suppression prochaine de l'humanité. — Sauf les religions optimistes comme l'hellénisme et l'islamisme, toutes les autres, selon Schopenhauer, ont plus ou moins recommandé cette forme excellente et supérieure de l'ascétisme. « A cet égard, le christianisme n'a de rival que le bouddhisme, et parmi les communions chrétiennes le catholicisme, malgré ses tendances superstitieuses, a le mérite de maintenir rigoureusement le célibat de ses prêtres et de ses moines. Les protestants, en le supprimant, ont détruit l'essence même du christianisme, pour aboutir à *un plat rationalisme*, qui est une bonne religion pour des pasteurs confortables, mais qui n'a plus rien de chrétien. Ç'a été le mérite du christianisme primitif d'avoir l'intuition nette de la négation du vouloir-vivre, bien qu'il ait donné de mauvaises raisons à l'appui d'une excellente thèse[1] ». Et ici la surabondante érudition de Schopenhauer se donne pleine carrière à travers les pères de l'église et les gnostiques. Il cite des témoins de toute catégorie, d'illustres et d'obscurs ; à côté de saint Augustin et de Tertullien, il rappelle l'évangile des Égyptiens : « Le Sauveur a dit : Je suis venu pour détruire les œuvres de la femme ; de la femme, c'est-à-dire de la passion ; ses œuvres,

---

1. *Philosophie de Schopenhauer*, par Ribot, p. 147.

c'est-à-dire la génération et la mort ». Il s'approprie les textes, il les commente avec amour, il s'y délecte comme s'il y voyait la formule du salut.

C'est bien là en effet ce qu'il y a de plus net dans sa théorie : la suppression du commerce sexuel ; le reste n'est que verbiage ou chimère. Supprimer la vie directement, en détruire le principe et la source, non pas dans des catégories spéciales de moines, de prêtres ou de célibataires laïques, mais dans l'humanité tout entière, par un accord spontané de toutes les intelligences, de toutes les volontés; concerter ce grand acte d'abstention volontaire qui déjouera toutes les ruses du génie de l'espèce; d'un seul coup renvoyer dans le néant tous les siècles futurs et toutes les générations que nous suscitons, sans les consulter, à la vie, à la souffrance, arrêter l'histoire à l'heure actuelle du globe et ne pas laisser d'héritiers de nos misères, pouvoir dire enfin comme le poète :

« Plus d'hommes sous le ciel, nous sommes les derniers ! »

quel beau rêve dont il ne dépend que de moi

de faire une réalité! Et quel homme hésiterait à souscrire d'enthousiasme à ce programme, à célébrer ce sabbat universel de la délivrance, dès que la raison sera éclairée et le règne de Schopenhauer arrivé sur la terre? A cette libération de l'homme s'ajoutera, par l'effet de la solidarité de tous les êtres, la délivrance de toute la nature. « Je crois pouvoir admettre, s'écrie Schopenhauer, que toutes les manifestations phénoménales de la Volonté se tiennent entre elles, que la disparition de l'humanité, qui est la manifestation la plus haute de la Volonté, entraînerait celle de l'animal, qui n'est qu'un reflet affaibli de l'humanité, et aussi celle des autres règnes de la nature qui représentent les degrés inférieurs de la volonté. C'est ainsi que devant la pleine clarté du jour le phénomène du rêve s'évanouit[1] ».

En attendant cette apocalypse de la fin du monde et en vue de la préparer, on dit que dans l'Allemagne, et particulièrement à Berlin,

---

1. *Die Welt*, etc., 3ᵉ édit., t. I, p. 449.

il existe à l'heure qu'il est une sorte de secte schopenhauériste qui travaille activement à la propagande de ces idées et qui se reconnaît à certains rites, à certaines formules, quelque chose comme une franc-maçonnerie vouée par des serments et des pratiques secrètes à la destruction de l'amour, de ses illusions et de ses œuvres. On nous assure que la secte publie des brochures mystérieuses, pleines d'informations et d'instructions du plus haut intérêt au point de vue de la pathologie morale, mais de l'effet le plus bizarre sur les lecteurs qui ne sont pas initiés. L'apostolat, évidemment dévié, de quelques prosélytes va jusqu'à un degré de folie devant lequel la plume et la pensée s'arrêtent. Quand la théorie d'une chasteté de ce genre, toute négative, se produit dans des esprits et des cœurs qui ne sont pas chastes, en vue de fins chimériques comme la destruction du monde, elle aboutit dans la pratique à un système de compensations qui ne sont pas autre chose que des déréglements sans nom. On ne gagne rien à vouloir arrêter la nature qui veut vivre, qui doit vivre et qui se révolte contre des freins imaginaires. Elle pervertit les imaginations, elle déprave les sens, et c'est là sa vengeance.

CHAPITRE VIII

La libération du monde par son anéantissement volontaire selon Hartmann. Un essai de suicide cosmique.

La théorie de Schopenhauer se résume dans l'ascétisme et dans quelques procédés pratiques comme la mort volontaire par inanition et la suppression du commerce sexuel. M. de Hartmann n'a pas épargné à son prédécesseur en pessimisme les sévères critiques. Quelques-unes portent sur le désaccord entre le concept de la délivrance et les principes essentiels du système de Schopenhauer; d'autres, sur l'inutilité de ces procédés au point de vue de la libération finale.

La Volonté est l'essence universelle et unique du monde, l'individu n'est qu'une apparence subjective. Mais, quand même il serait un phénomène véritablement objectif de l'Être, comment pourrait-il anéantir de son autorité propre la volonté individuelle, comme un tout distinct, si elle n'est qu'un rayon de la Volonté universelle? Quel droit l'homme, qui n'est que le phénomène, peut-il avoir sur l'existence de ce phénomène qui ne relève que de son principe? — Admettons pourtant que cette impossibilité se réalisât, qu'en arriverait-il? Soit! un homme mourrait, un homme, c'est-à-dire une des formes multiples sous lesquelles la volonté de l'Un-Tout ("Εν καὶ πᾶν) s'est objectivée. Et puis après? Il ne se produirait rien de plus ni de moins que ce qui a lieu toutes les fois qu'un individu meurt, par quelque cause que ce soit. Le cas serait exactement le même que si une tuile en tombant avait brisé la tête de cet individu. La Volonté inconsciente continue après comme avant, sans avoir rien perdu de ses forces, sans que son désir infini et insatiable de vivre ait été diminué en rien; elle continue à développer la vie partout où elle peut la réaliser. L'effort pour anéantir la volonté de vivre, tant qu'il agit dans l'individu seulement, est aussi stérile que le suicide et plus insensé encore, puisqu'au prix de plus longues tortures il aboutit au même résultat. L'Inconscient ne s'instruit pas par des expériences individuelles. — Supposez même que l'humanité disparût en renonçant à se reproduire? Le monde, en tant que monde, ne cesserait pas de vivre et se trouverait dans la même situation que celle où il était immédiatement avant l'apparition du premier homme sur la terre. L'Inconscient saisirait la première occasion de créer un nouvel homme ou une espèce analogue, et toutes les misères de la vie reprendraient leur cours[1].

Ce qu'il faut pour procurer à l'univers le bienfait de la libération finale, c'est un moyen d'agir non pas sur la volonté individuelle

---

1. *Philosophie de l'Inconscient*, t. II, p. 493.

d'un homme ou sur la volonté générique de l'espèce humaine, ce qui est encore bien insignifiant, mais sur la Volonté universelle, sur le principe même des choses. Ici la question s'élève et se généralise : il ne s'agit plus du suicide d'un homme ou d'une espèce ; il s'agit du suicide d'un monde. M. de Hartmann a la bonne foi de nous avouer que cette opération est difficile, et nous l'en croyons sur parole. Cet acte mettra un terme au *processus* de l'univers ; « ce sera l'acte du dernier moment, après lequel il n'y aura plus ni volonté ni activité, après lequel, comme dit saint Jean, le temps aura cessé d'exister ». L'humanité sera-t-elle capable de ce haut développement de conscience, qui doit préparer cet acte suprême, le renoncement absolu de la Volonté? Ou bien une race supérieure d'animaux apparaîtra-t-elle sur la globe pour reprendre la tâche interrompue de l'humanité et atteindre le but? Ou bien enfin notre terre est-elle destinée à être le théâtre de nos avortements et ira-t-elle augmenter le nombre des astres glacés, léguant le splendide héritage de l'effort et du succès à quelque planète invisible ? Tout cela est incertain ; mais ce qui est certain, c'est que, en quelque endroit que le drame s'achève, le but et les éléments du drame seront les mêmes que dans le monde actuel. On peut donc, pour plus de clarté, supposer que c'est l'humanité qui est destinée par ses aptitudes à conduire le *processus* du monde à son couronnement, l'anéantissement final. M. de Hartmann a tenté de nous donner une idée de cette fin de l'évolution du monde, dans le cas où ce serait l'homme, et non une autre espèce inconnue, qui serait appelée à résoudre le grand problème. Dans les voies étranges que nous ouvre ici la colossale fantaisie du penseur, suivons-le d'aussi près que possible, en fermant notre esprit aux objections, et soyons un instant dociles pour essayer de comprendre. La chose est ardue.

La première condition pour que le terme de l'évolution soit atteint, c'est qu'il arrive un jour où l'humanité concentre dans son sein une telle masse d'intelligence et de volonté cosmiques, que la somme d'intelligence et de volonté, répartie dans le reste du monde, paraisse insignifiante en comparaison. Cela est loin d'être impossible, nous dit-on, la manifestation de la volonté dans les forces atomiques n'étant que d'une espèce très-inférieure, relativement à celle qui se manifeste dans le végétal, dans l'animal, à plus forte raison dans l'homme. Il est donc parfaitement légitime de supposer qu'un jour la plus grande partie de la volonté en acte ou des fonctions de l'esprit inconscient se capitalisera dans l'humanité, par suite de l'élévation progressive de la population du globe. Or, ce jour-là, il suffirait à l'humanité de ne plus vouloir vivre pour que le monde entier fût anéanti, puisqu'elle représenterait à elle seule plus de vouloir que tout le reste de la nature. Cette partie de la Volonté se niant elle-même se détruirait et détruirait en même temps la partie de beaucoup la plus faible et la moins grande qui s'exprime dans le monde inorganique. Dans cette balance gigantesque où se pèsent les destinées de l'univers, c'est du côté du vouloir humain que pen_ cherait le plateau, et le vouloir humain, éclairé, entraînerait dans le néant le vouloir aveugle qui du fond de ses ténèbres aspire encore à l'être. On le voit : il ne s'agit pour l'homme, agent du salut de l'univers, que *d'attirer* à lui la plus grande quantité de la volonté cosmique ou de s'en emparer doucement, peu à peu et comme par infiltration, et quand il en sera le maître, de la décider à s'anéantir. Rien de plus simple, en vérité.

La seconde condition pour que ce suicide gigantesque d'un monde puisse s'accomplir, c'est que la conscience de l'humanité soit pénétrée profondément de la folie du vouloir, qu'elle en vienne au point d'être possédée par un désir absolu du repos, qu'elle ait si bien démêlé la vanité de tous les motifs qui attachaient jusqu'ici l'homme à l'existence que l'aspiration au néant devienne sans aucun effort l'unique et le dernier motif de sa conduite. On nous assure que cette condition se réalisera dans la vieillesse de l'humanité. Déjà la certitude théorique du malheur de l'existence est admise comme une vérité par les penseurs ; elle triomphera de plus en plus des résistances instinctives de la sensibilité et des préjugés de la multitude. Il se passera peut-être un long temps avant que cette idée, qui n'éclaire encore que les sommets de la conscience humaine, se répande dans les régions inférieures et acquière la puissance universelle d'un motif. Mais c'est là le sort de toutes les idées qui mènent le monde : elles commencent par éclore dans la tête d'un penseur, sous une forme abstraite; elles finissent par pénétrer sous la forme d'un sentiment le cœur des masses et par exercer sur leur volonté une action si profonde qu'elle engendre souvent le fanatisme. Aucune idée, plus que celle du pessimisme, n'est de nature à se transformer en sentiment; aucune n'est plus naturellement appelée à triompher sans violence, à exercer sur les âmes une action pacifique, mais profonde, durable, qui assure le succès de son rôle historique. — Eh quoi ! l'expérience nous prouve tous les jours qu'une volonté individuelle, qui arrive à se nier elle-même, suffit pour triompher de l'amour instinctif de la vie ;

elle a conduit à la mort volontaire bien des mystiques et des ascètes, et cependant cette négation tout individuelle de la volonté est en désaccord avec les fins de l'Inconscient; de plus elle est complétement stérile pour l'espèce humaine et pour la nature, elle ne peut produire aucun résultat métaphysique. Et ce qu'un individu peut faire pour lui-même, la masse de l'humanité ne le pourrait pas, quand il s'agit cette fois d'une négation universelle, conforme à la fin suprême de l'Inconscient ? Cette négation collective ne pourrait pas venir à bout du désir instinctif de vivre, quand un acte tout individuel de renoncement peut en triompher ? Qu'on songe seulement que toute entreprise difficile est d'autant plus aisément exécutée qu'elle l'est par le concours d'un plus grand nombre de volontés.

M. de Hartmann abonde en arguments pour nous faire comprendre la facilité et la vraisemblance de cet acte de libération suprême. L'humanité a encore devant elle bien du temps à sa disposition pour atteindre ce but avant de voir s'ouvrir cette période de refroidissement du globe que les savants marquent pour l'extinction complète de la vie sur la terre. Qu'elle emploie bien ce temps qui lui reste pour vaincre les résistances que l'égoïsme, aveugle sur son propre intérêt, oppose au sentiment pessimiste et au désir de la paix éternelle. Elle verra s'adoucir peu à peu et s'émousser ces passions réfractaires sous l'action lente de l'habitude ; elle verra s'étendre et s'accroître à la longue, par l'effet irrésistible de l'hérédité, les dispositions pessimistes de chaque génération, concentrées d'abord dans un petit nombre de cœurs et d'intelligences d'élite. Dès aujourd'hui on prétend que la passion, malgré son énergie naturelle et sa puissance *démoniaque*, a considérablement perdu de son empire dans la vie moderne, et qu'est-ce que la passion, sinon l'illusoire attrait que crée en nous le désir de vivre ? Or on nous assure que les passions baissent sensiblement parmi nous sous les influences politiques et sociales qui tendent à égaliser et à émousser les caractères. Cet affaiblissement des instincts égoïstes sera d'autant plus sensible que se fera sentir le progrès de la raison et de la conscience[1].

Ce sera là un des signes par lesquels s'annoncera la vieillesse de l'humanité : elle vieillira, en effet, comme vieillissent les individus, comme vieillissent les nations. Mûre pour la contemplation, elle rassemblera dans une vue d'ensemble toutes les souffrances et les folles agitations de la vie passée et reconnaîtra la vanité des fins qu'elle croyait poursuivre jusque-là. A la différence de l'individu devenu vieillard, elle n'aura ni enfants ni petits-enfants pour troubler par les illusions de l'amour paternel la sûreté de son jugement et faire renaître avec une nouvelle génération les illusions évanouies. Elle tombera alors dans cette mélancolie supérieure que les hommes de génie ou encore les vieillards de grande intelligence ressentent habituellement. On la verra flotter en quelque sorte au-dessus de son propre corps, comme un

---

1. Voir le développement de cette idée au chapitre XIV de la III° partie *de la Philosophie de l'Inconscient*.

esprit détaché de la matière, ou, comme Œdipe à Colonne, goûter par anticipation la paix du néant et assister aux souffrances de sa propre existence, comme à des maux étrangers. C'est là cette clarté céleste, cette paix divine qui s'étend sur toute l'éthique de Spinoza; les passions s'y sont évanouies dans les profondeurs de la raison, et résolues en idées à la pure clarté de la pensée... Cependant la douleur, la peine n'auront pas cessé pour cela. C'est cette dernière forme du malheur qu'il faudra faire cesser, après que toutes les illusions seront tuées, l'espérance anéantie, la conviction assurée désormais que tout est vanité, et la vanité la plus vaine de toutes, celle de la science, à jamais bannie du cœur humain. La vie reste encore, et c'est trop. L'humanité est fatiguée de vivre; elle est fatiguée aussi de mourir si lentement. Elle reste faible et fragile, condamnée à travailler pour vivre et ne sachant pas pourquoi elle vit. Comme tout vieillard qui se rend compte de son état, elle ne forme qu'un vœu, le repos, la paix, le sommeil éternel sans rêve et sans réveil. Et qu'est-ce que cela, sinon l'insensibilité absolue, le néant, encore et toujours le nirvâna?

Reste une troisième condition indispensable pour que le grand acte du renoncement à l'être s'accomplisse avec la puissance d une sentence sans appel : il faut que tous les peuples de la terre communiquent assez facilement entre eux pour qu'il soit possible qu'au même moment, sur tous les points où il se trouve un homme, une résolution commune puisse être prise. Il faut que cela se fasse sans effort, sans hésitation, sans résistance, pour que l'effet se réalise sans obstacle, pour que tout vouloir positif, vaincu et entraîné, s'anéantisse immédiatement dans le non-vouloir absolu, pour qu'en même temps que l'humanité cessera d'être, en abdiquant l'être, toute forme de ce que nous appelons l'existence soit anéantie, l'organisation, la matière, etc., etc., pour qu'enfin s'évanouisse le cosmos tout entier avec ses archipels, ses nébuleuses, ses mondes en formation, et que l'univers tombe en poussière dans le cercueil où l'homme se sera volontairement couché. Ce sera bien cette fois un suicide grandiose, absolu, définitif, sans réveil possible : ce sera le suicide cosmique, accompli par l'humanité. — Quant aux détails qui permettront à tout homme vivant alors de participer à cette résolution commune qui détruira le monde, la spéculation philosophique élevée à de telles hauteurs n'a pas à s'en préoccuper ; elle laissera faire cette grosse besogne à l'invention scientifique ; elle compte pour cela sur des perfectionnements indéfinis dans l'application des agents physiques comme l'électricité, et d'ailleurs, quand il ne s'agit que de moyens pratiques d'ordre inférieur, il faut ouvrir à l'imagination une libre carrière. Chacun est libre de se représenter à sa manière ce dernier acte du *processus* universel et de l'anéantissement final. Il suffit au philosophe d'avoir montré qu'il est possible et qu'il est nécessaire.

Nous avons exposé aussi fidèlement que nous l'avons pu la série de ces bizarres conceptions. Le courage nous manque pour les discuter ; à quoi bon d'ailleurs entreprendre

de le faire ? Ceux qui seraient capables de se
laisser séduire par de pareilles chimères, qui
ressemblent aux jeux d'un cauchemar, seraient entièrement insensibles aux procédés
de la logique vulgaire et du raisonnement.
D'ailleurs il règne une telle indépendance
de sens propre, une telle fantaisie de spéculation dans ce drame métaphysique que
toute base manque pour une argumentation
sérieuse. Comment prouver à M. Hartmann
que son Inconscient est une invention pure
ainsi que le dualisme de l'Idée et de la Volonté
qu'il introduit au sein de cet Un-Tout, l'un
de ces deux principes, aveugle et irrationnel,
aspirant à l'être, l'autre, le rationnel, réagissant contre la misère de l'existence de plus en
plus sentie? Comment lui prouver que tout cela
ne peut pas être, uniquement parce qu'il lui
plaît qu'il en soit ainsi et que ce manichéisme
dramatisé lui donne de grandes joies d'esprit,
de puissantes émotions, sans compter le succès de la représentation auprès du public et la
célébrité qu'elle a value à son auteur ? Dans
des régions si vagues, si inconsistantes, si

nébuleuses, on ne peut se prendre à rien, et une discussion sérieuse aurait ici quelque chose d'insupportable et de pédantesque. Nous devions à la curiosité du public cet échantillon de l'étonnante imagination d'un de nos contemporains. La pièce une fois analysée, ce serait perdre son temps et sa peine que de la critiquer. Elle a intéressé ou non, tout est là : qu'on aille l'applaudir ou la siffler au théâtre où elle se joue, je veux dire dans le livre même.

Quant aux procédés de la délivrance finale qu'indique M. de Hartmann, il n'y a pas à craindre qu'on s'en serve trop tôt et que l'on procure au monde la désagréable surprise de l'anéantir, quand il n'aurait pas demandé mieux que de continuer à vivre. Ce qui doit nous rassurer sur la portée de ce remède, c'en est l'inefficacité. Il est bien peu probable qu'en dépit de tant de beaux raisonnements, l'humanité se laisse convertir et se décide au néant; et je gage que si, par impossible, la majorité de l'humanité se laissait gagner à cette triste tentative, il y aurait d'incorrigibles réfractaires qui résisteraient jusqu'au bout à l'application du remède. Ce serait de leur part, je l'avoue, un mauvais goût égal à leur aveuglement; mais cette indocilité systématique suffirait, d'après l'aveu de M. de Hartmann, pour faire manquer l'opération, et il n'est pas désagréable de penser qu'il dépend de chacun de nous d'ajourner le succès de l'expérience. Attendons que la grâce du pessimisme agisse, et, en attendant vivons en paix. Mais, quand même l'humanité aurait pris cette belle résolution de faire d'un seul coup et en bonne forme un acte de renonciation à l'être, j'imagine que cela ne changerait pas grand chose à la marche du monde ni à l'évolution des phénomènes qui nous entraîne. Il dépend jusqu'à un certain point de l'humanité d'arrêter le flot des générations humaines, et c'est en cela que Schopenhauer nous paraît mille fois plus pratique que son disciple. Mais à qui pourra-t-on persuader que la connexion soit telle entre les divers ordres de phénomènes que le suicide métaphysique de l'humanité arrête la marche des planètes ou même la révolution de l'humble globe, théâtre de ce bel exploit?

D'ailleurs, à supposer qu'il n'y ait qu'une force unique, répartie en proportions différentes dans les différentes régions de l'être et qui en constitue l'unité, qu'est-ce que la masse des forces psychiques comme on dit, c'est-à-dire d'intelligence et de volonté, concentrées dans le sein de l'humanité, au prix de la masse totale des forces physiques distribuées dans le reste du monde, dans l'infini cosmique, sans parler des autres forces psychiques, analogues à celles qui nous animent, qui peuvent être répandues à flots dans les mondes innombrables que nous ne connaissons pas? Quel lien de solidarité ou de subordination peut-il exister entre cette petite quantité de force cosmique transformée en humanité sous la forme d'un milliard d'hommes, de deux milliards si l'on veut, et ces espaces remplis soit d'espèces vivantes et de formes animées, soit d'agrégats organiques, soit d'atomes d'éther? Ces régions sans limites, ces formes de l'être dont Pascal a dit magnifiquement que « l'imagination se lasserait plutôt de concevoir que la nature de fournir », comment se figurer que tout cela obéirait, en un clin d'œil, au mot d'ordre parti de ce globe infime, émané des lèvres expirantes du dernier homme, et que sur la consigne de ce pauvre être qui n'a pas pu seulement combattre ou vaincre chez lui la maladie et la mort, la nature va replier son œuvre, comme un décor de théâtre, et ramener dans le néant la richesse infinie, la variété de ses phénomènes, la splendeur de son incessante création ? Tout cela est de la fantasmagorie pure. L'ordre éternel des choses nous enveloppe et nous assujettit de toutes parts. Notre puissance a beau grandir sans cesse, elle est active seulement dans les limites de cette terre : pour tout le reste, elle est passive ; l'homme reçoit la lumière et la chaleur du soleil, il les modifie de mille manières différentes, il ne peut rien sur la source elle-même d'où elles émanent et qui les lui refuse ou les lui donne sans obéir à ses vœux, encore moins à ses ordres ; si grande que soit la science, les limites de son action sont celles de notre atmosphère. Au delà elle est sujette, elle observe les phénomènes, elle ne peut plus ni les produire ni les modifier ; elle ne commande plus, elle obéit. Et même sur cette terre où elle commande, à quoi commande-t-elle ? A la vie ? A la mort ? Assurément non ; elle combine des forces et crée des effets nouveaux ; elle n'a pas créé un seul être ; elle n'en a pas arraché un seul à la mort.

C'est donc une lutte absurde qu'on entreprend contre le pouvoir de la vie universelle et la force de l'être. Ni Schopenhauer, ni Hartmann n'ont trouvé la formule qui mettra dans la main de l'homme la vertu magique de l'anéantissement du monde. Il faut en prendre son parti : la révolte contre l'être est insensée, elle est le dernier terme de l'orgueil intellectuel et le plus stérile produit de l'infatuation métaphysique. A l'égard de l'ordre universel dans lequel nous sommes entraînés, perdus comme des atomes, mais comme des atomes pensants, il n'y a qu'une attitude digne de la pensée qui ne s'enivre pas d'elle-même : la résignation.

Seulement ce mot, sublime et fier dans sa tristesse, plus grand que toutes les chimères de la révolte, ce mot peut être compris de deux manières bien différentes. Il y a, parmi les résignés, ceux qui, ayant compris l'inutilité de la lutte contre la force des choses, se vengent par le mépris de leur impuissance : c'est Leopardi, par exemple, sentant que la lutte est vaine et y renonçant, n'attendant rien de la vie, ni de Dieu, ni des hommes, vivant dans une sorte de stoïcisme hautain et répétant avec une amertume passionnée cette plainte qui résume sa poésie : « A quoi bon la vie, si ce n'est à la mépriser ? » — Il y a, parmi ceux qui pensent dans la foule humaine, une autre classe de résignés, ce sont ceux qui, sans tout comprendre, ne nient rien de parti-pris, qui, sans trop attendre de la vie, essaient de l'améliorer sinon pour eux-mêmes, du moins pour les autres et pour ceux qui viendront après eux ; qui agissent comme si leurs œuvres devaient avoir des suites, s'efforçant d'agir le mieux possible, persuadés que les résultats de l'action bonne ne seront pas anéantis et deviendront une semence d'actions meilleures encore et des germes de progrès ; qui espèrent que rien ne se détruira dans le monde moral pas plus que dans le monde physique, considérant chacun de nous comme l'humble architecte de ce monde moral qui grandit toujours ; ceux enfin, qui croient que l'idéal qui règle le mouvement de leur pensée n'est pas seulement une belle chimère, et que cette force mystérieuse n'agit si profondément sur la conscience et le cœur de l'humanité que parce qu'elle émane d'un principe vivant d'ordre et d'harmonie qu'ils pressentent sous les nuages de la vie, qu'ils recherchent dans les profondeurs voilées de l'univers comme dans la marche mystérieuse de l'histoire. — Il y a ainsi deux sortes de résignations bien différentes : celle qui nie le progrès et la réalité de l'idéal, proclamant la souveraineté de la force et du hasard dans toutes les régions de l'être, et la résignation virile à la vie parce qu'elle peut être améliorée, à l'action parce qu'elle peut être féconde, à la moralité et au progrès parce que l'humanité comme l'univers doit avoir une fin divine. Est-ce le désespoir et la mort qui ont raison, est-ce la vie et l'espérance ?

M. de Hartmann raille quelque part, avec une verve implacable, la vanité de ces espoirs et proclame bien haut l'indifférence souveraine de la philosophie à l'égard de la plainte humaine. « La philosophie, nous dit-on, ne doit à l'homme ni une consolation, ni une espérance : de tels besoins trouvent leur satisfaction dans les manuels de piété. La philosophie n'a pas à se préoccuper de savoir si ce qu'elle trouve plaît ou non au jugement sentimental des foules instinctives. Elle est dure et insensible comme la pierre. Elle ne vit que dans l'éther de la pure pensée, et ne poursuit que la froide connaissance de ce qui est, des causes et de l'essence des choses. Si l'homme n'est pas assez fort pour supporter ce régime de la pensée pure, si son cœur se glace d'horreur ou se brise de désespoir devant la vérité entrevue, si sa volonté se dissout dans le découragement, la philosophie enregistre ces faits comme des données précieuses pour ses recherches psychologiques. Elle n'observe pas avec moins d'intérêt les dispositions plus énergiques et toutes contraires avec lesquelles d'autres âmes acceptent la vérité : soit l'indignation et la colère qui font grincer des dents, soit la rage froide et contenue qu'inspire le carnaval insensé de la vie, soit la fureur méphistophélique qui se répand en plaisanteries funèbres sur ce fiasco de l'existence, et jette une égale et souveraine ironie sur les dupes enivrées de leurs illusions et sur les victimes qui se lamentent; ou bien enfin l'effort de ceux qui luttent contre la fatalité pour sortir de cet enfer par une suprême tentative d'affranchissement. — Quant à la philosophie elle-même, elle reste impassible, ne voyant dans le malheur sans nom de l'existence que la manifestation de la folie du vouloir, qu'un moment transitoire du développement théorique du système[1] ».

Oui, sans doute, dirons-nous, la philosophie

---

1. *Philosophie de l'Inconscient*, t. II, p. 481.

ne doit avoir souci que de la vérité, mais de la vérité tout entière, non partielle, faussée ou brisée, non factice et tourmentée par des mains habiles pour la faire entrer dans l'étroite enceinte d'un système. Si nous pensons (et nous avons le droit de le penser) que la réalité est plus large et plus compréhensive, plus profonde mille fois et cependant plus claire que tous ces systèmes, nous ne pouvons pas considérer comme une philosophie définitive celle qui supprime ces avertissements, ces réclamations énergiques de la nature et de la vie. Ce n'est pas attendrissement banal, compassion vulgaire, c'est souci de la vérité. Avant de railler avec tant de hauteur les aspirations et les espérances du cœur de l'homme, démontrez-nous qu'elles se trompent.

Soit ! que le philosophe méprise la plainte humaine : c'est son devoir, s'il a la certitude que cette plainte n'émane pas de la conscience de l'humanité qui se sent injustement souffrir, qui proteste contre la violation de son droit et confie à un avenir inconnu le soin de justifier la justice. C'est son devoir de railler cette plainte, s'il sait de science certaine qu'elle doit se briser contre un ciel fermé et qu'elle ne doit pas avoir d'écho dans une conscience supérieure qui la recueille ; mais avant tout il faut qu'il montre que ce sont là des illusions. Il faut surtout que des théories aussi étranges que le pessimisme prennent soin de s'établir plus solidement elles-mêmes devant la raison curieuse et la logique qui ne se contentent pas de rêveries artistement enchaînées ; il faut prouver cette invraisemblable histoire de l'Inconscient, partagé en deux principes indépendants quoique identiques au fond, d'où la vie s'est échappée un jour pour venir se briser contre mille écueils dans le monde, se réfléchir dans la conscience, s'apercevoir, se repentir de s'être connue elle-même et se replonger de ses propres mains dans le néant. C'est tout cela qui aurait grand besoin de preuves en règle. — N'est-ce pas résoudre la question par la question même que de condamner *a priori* les aspirations de l'humanité ? Vous dites que ce sont ou des illusions pures ou des ruses de l'Inconscient pour nous attacher à la vie par des liens imaginaires. — Des illusions, toutes ces idées, tous ces sentiments qui renaissent sans cesse dans le cœur de l'homme, même après tant de tentatives multipliées pour les détruire? — Des ruses de l'Inconscient, dites-vous? mais qu'est-ce donc que cet Inconscient qui travaille contre lui-même, qui s'applique si ingénieusement à se tromper, dupe éternelle de sa propre fraude? Tout cela est mille fois plus inintelligible que ce que vous prétendez détruire. Là où vous ne voulez voir que des fraudes gigantesques, nous croyons qu'il y a de grands faits psychologiques, permanents, éclatants de vitalité, indestructibles. Ce sont des bases d'induction pour une philosophie sans parti-pris. Qui a tort, de vous ou de nous? — On nous dit : Pures chimères que tout cela! l'homme a toujours voulu croire à ce qu'il a désiré; la force de son désir crée l'objet de son désir. Mais d'où viennent donc le désir lui-même et sa force toujours renaissante, et l'invincible élan de nos passions les plus nobles, et qu'est-ce qu'une philosophie qui n'en tiendrait pas compte?

Dans cet ordre de problèmes, ni le mépris ni la colère ne résolvent rien, et si la nature est plus vaste, plus haute, plus profonde que le système, eh bien ! tant pis pour le système ! Cela ne fait rien aux choses que l'on se fâche contre elles, et s'il y a un désaccord entre la réalité humaine et les théories, à coup sûr ce n'est pas la réalité qui doit avoir tort.

CHAPITRE IX

De l'avenir du Pessimisme. — Conclusion.

Quel est l'avenir réservé au pessimisme ? Pour répondre à cette question, il ne suffit pas de faire ressortir l'exagération violente des thèses qu'il soutient, la stupeur du simple bon sens devant une doctrine qui veut persuader à l'humanité d'en finir le plus tôt possible avec la vie, et au monde lui-même de cesser cette lugubre plaisanterie qu'il se permet en continuant à exister. Il ne suffit pas de répéter ce que Pascal disait du pyrrhonisme outré : « La nature soutient la raison impuissante et l'empêche d'extravaguer jusqu'à ce point ». A quel concours de circonstances cette philosophie contre nature doit-elle son succès et l'ardent prosélytisme dont elle est l'objet ? Ces circonstances dureront-elles ? Y a-t-il des motifs de croire que cette fortune d'un système si contraire à la nature humaine s'arrête et que cette propagande déraisonnable s'épuise par l'indifférence des uns ou la résistance des autres ?

M. James Sully, dans le livre que nous avons cité, a essayé de définir et de classer les sources de cette philosophie. Il expose ce qu'il appelle d'un nom fort à la mode « la genèse du pessimisme » ; il en énumère, avec un grand luxe de divisions et de subdivisions, « les éléments et les facteurs externes ou internes ». Selon lui, il faut considérer la conception optimiste et la conception pessimiste de la vie comme des effets d'une foule de causes plus ou moins cachées dans la constitution intime de chacun de nous. Le pessimisme est à la fois un phénomène pathologique et un phénomène mental. Quand il est poussé à outrance, il révèle une altération grave dans le système nerveux : il devient une véritable maladie. L'optimisme et le pessimisme sont donc, avant tout, une affaire de tempérament, d'hérédité morbide, d'humeur et de nerfs. Il faut aussi faire la part du caractère proprement dit, bien que le tempérament y entre comme un élément essentiel, de l'exercice et du développement de la volonté, plus ou moins disposée à entrer en lutte avec le dehors, à endurer la peine, à l'envisager en face et sans effroi. Il se trouve ainsi qu'il y a des tempéraments optimistes et des tempéraments pessimistes, des caractères heureux et des caractères malheureux, des sensibilités plus ou moins craintives et douloureuses, des natures d'esprit enfin disposées à des appréciations tout à fait contraires, à propos des mêmes faits. Les événements et les situations de la vie revêtent deux aspects très-différents, prennent deux teintes opposées, selon qu'ils se présentent aux uns ou aux autres, aux uns tout prêts d'avance à des interprétations favorables, aux autres enclins à trouver toujours tout en défaut, les hommes et la vie (*fault-finding*).

Il y a là des observations justes et fines. J'en rapprocherai volontiers celle d'un illustre chimiste, devant lequel nous nous entretenions de cette question du pessimisme et qui la résumait ainsi en la ramenant à des termes fort simples : selon lui, cette philosophie avec ses tristes visions était la philosophie naturelle des peuples qui ne boivent que de la bière. « Il n'y a pas de danger, ajoutait-il, qu'elle s'acclimate jamais dans les pays de la vigne ni surtout en France; le vin de Bordeaux éclaircit les idées et le vin de Bourgogne chasse les cauchemars. » C'est la solution chimique de la question à côté de la solution physiologique de M. James Sully.

Ce sont là des explications qui ont leur prix ; mais il reste bien des obscurités encore. Il y a eu de tout temps des tempéraments tristes, des caractères malheureux, il y a eu aussi toujours des buveurs de bière ; ce qui n'a pas existé de tout temps, ce sont les systèmes pessimistes, c'est cette vogue inouïe d'une philosophie absolument désespérée. Je doute d'ailleurs que ce genre d'explication réussisse pour les populations innombrables de l'extrême Orient, qui pensent ou qui rêvent d'après le Bouddha ; il faudrait modifier beaucoup les formules pour les rendre applicables ici. Mais restons dans l'Occident, et tâchons de ne pas embrouiller une question déjà très-complexe. J'accorde l'attention que je dois aux observations de l'anatomiste Henle dans ses *Leçons d'anthropologie* tout récemment publiées, quand il recherche les causes du tempérament mélancolique. Ce tempérament résulterait, selon lui, d'une disproportion entre la force des émotions et celle des mouvements volontaires, les impressions étant très-vives, très-nombreuses et s'amassant, se capitalisant pour ainsi dire dans le système nerveux, faute de pouvoir se traduire au dehors et se dépenser dans une mesure convenable. — J'écoute aussi avec curiosité M. Sully, quand il nous dit que là où se rencontre un sentiment raffiné du mal de la vie avec une imagination ardente pour les biens idéaux, et en même temps une faiblesse relative des impulsions actives et du sens pratique, il y a de grandes probabilités pour que le défaut d'équilibre se traduise par une conception pessimiste de la vie. — Je m'intéresse également à la curieuse étude de Seidlitz sur *Schopenhauer au point de vue médical*, et j'y vois fort bien comment Schopenhauer est devenu l'humoriste terrible que nous avons vu, misanthrope et misogyne. Je fais mon profit de cette masse d'observations de détail jetées dans le courant de la science.

Je remarque seulement qu'on explique bien ainsi le pessimisme subjectif et individuel, mais non le pessimisme objectif et impersonnel, celui qui s'exprime par un système et se traduit par la popularité du système. Voilà le fait qu'il s'agit de comprendre dans son contraste avec les instincts les plus énergiques de la nature humaine qui veut vivre, qui s'attache à la vie, qui s'y acharne au point de s'écrier, si elle n'écoutait qu'elle-même : « Prenez tout, mais laissez-moi la vie! » — On se rapproche plus d'une explication plausible quand on aborde le côté ethnologique et social du problème, les affinités et les tempéraments des races, les milieux dans lesquels elles se développent, les grands courants qui modifient la vie intellectuelle et morale des peuples. M. James Sully aurait pu, à notre avis, s'étendre beaucoup plus qu'il ne l'a fait sur cet aspect de la question. Il a indiqué trop rapidement des points de vue très-intéressants dont chacun aurait mérité une étude approfondie. — Les causes morales et sociologiques, selon lui, de cette fortune du pessimisme sont multiples : c'est d'abord l'effet naturel d'une réaction « contre l'optimisme vide du dernier siècle », puis la dépression qui se produit par l'effet d'une loi aussi vraie en histoire qu'en physiologie, après une période de tension extraordinaire dans les sentiments et de confiance exaltée dans les fins idéales dont plusieurs nous ont trompés. Il y a eu en Allemagne, dans ces vingt dernières années, comme un état d'affaissement dans les esprits, résultant de la banqueroute des grandes espérances intellectuelles, de la faillite d'un idéal social et politique, de l'écroulement des ambitions extravagantes de certaines écoles esthétiques et philosophiques.

L'idéal militaire qui a brillé aux yeux de l'Allemagne n'est pas à beaucoup près celui qu'elle avait rêvé : ce que lui promettait la philosophie de l'histoire, construite pour sa gloire et à son usage, c'était la conquête du monde par les idées plutôt que par les armes. Joignez à cela la destruction graduelle par la critique des traditions et des croyances religieuses qui, en se retirant, semblent emmener avec elles tout ce qui faisait la beauté et la valeur de la vie. La science, il est vrai, est en pleine floraison, et ses progrès devraient consoler l'homme ; mais elle n'a pas encore fourni à la masse du genre humain une source nouvelle d'inspiration, de nouvelles formes qui puissent traduire ses émotions. L'absence de tout élan et de toute rénovation dans l'art, une sorte d'épuisement qui est probablement plus qu'un phénomène passager, laisse sans satisfaction aucune le besoin d'enthousiasme qui est en nous. Le seul art qui semble conserver une vitalité suffisante et quelque fécondité interne, c'est la musique, qui, dans les voies particulières où elle s'engage, tend à devenir elle-même l'expression du tempérament pessimiste, comme le prouvent les engagements secrets, presque mystiques, qui relient Wagner et la musique de l'avenir à l'école de Schopenhauer.

Il faut tenir compte aussi d'un élément littéraire qui a son importance, l'éclat des qualités qui ont si vivement attiré l'attention de l'Allemagne sur le nom de Schopenhauer, dès qu'un rayon de lumière est tombé sur lui, cette verve d'écrivain humoristique, cette critique sanglante des philosophes d'universités, ces brillantes diatribes contre Hegel et son école, cette vive satire des mœurs pédantesques et de la sentimentalité, cette justice vengeresse, plus amusante que terrible, exercée contre les femmes, instruments de l'amour qu'il maudit, agents secrets du génie de l'espèce qu'il combat. Et puis, le vieux fond de romantisme germanique s'est réveillé à la voix des pessimistes. Il y a quelque orgueil secret à prendre la pose héroïque d'un martyr de l'absolu, à se sentir enchaîné sans espoir par la nature même des choses et à se charmer soi-même du bruit de ses chaînes. « En réalité, dit spirituellement M. Sully, le pessimisme flatte l'homme en lui présentant un portrait de lui-même où il apparaît comme un autre Prométhée, un Prométhée vaincu, torturé par la main implacable d'un nouveau Jupiter, l'univers qui nous a engendrés et qui nous contient, l'univers qui nous accable et qui ne peut venir à bout ni de notre résistance ni de notre fier défi. Le pessimisme place son fidèle sur le piédestal d'une divinité outragée et souffrante et l'expose à sa propre admiration, à défaut de l'admiration des spectateurs qui l'entourent ».

Une des causes les plus agissantes du succès de cette philosophie, c'est qu'elle donne une impression, une voix aux mécontentements sourds, aux rancunes ou aux revendications de toute espèce qui agitent la société allemande, sous ses surfaces disciplinées, officielles et militaires. Les étudiants des Universités et même quelques parties des classes bourgeoises apprennent à l'école et sous le prétexte du pessimisme à demander tout haut si les inégalités monstrueuses dans les conditions du bien-être entrent comme un élément éternel et nécessaire de la nature[1]. On maudit la vie telle qu'elle est ordonnée ; c'est toujours cela, en attendant qu'on la change quand on sera le plus fort. On sait que les symptômes, d'une désaffection presque universelle se sont multipliés dans une proportion considérable depuis huit ans. Un écrivain très-pénétrant et très-fin, M. Karl Hillebrand, dans un article récent de la *National-Zeitung*, constatait le fait en écrivant ces lignes caractéristiques : « Nos soldats, et nos soldats sont la nation, se sont trouvés en contact, pendant leur séjour en France, avec une civilisation plus ancienne et plus riche, ils sont retournés chez eux avec des besoins et des aspirations qui rappellent étonnamment les besoins et les aspirations que les légions romaines rapportaient de l'Orient ». Quoi qu'il en soit, la bourgeoisie allemande semble se soucier un peu moins de la gloire depuis qu'elle s'aper-

---

1. James Sully, *Pessimisme*, p. 480, etc.

çoit qu'elle l'a payée si cher, au prix des impôts toujours croissants et du rude système de milice nationale auquel elle est astreinte ; et quant aux classes ouvrières, — on a pu s'en apercevoir aux dernières élections de Berlin, — elles sont largement teintées de socialisme.

Il nous est arrivé plus d'une fois de nous étonner que la philosophie du nirvâna, rajeunie par la science moderne, ait eu une renaissance inattendue en plein XIXᵉ siècle dans le peuple allemand, au moment même où ce peuple descendait du haut de ses rêves pour reprendre pied sur terre et quand il étendait sur la réalité terrestre une main besoigneuse et dure. Au fond, nous voyons maintenant comment ce phénomène s'explique : c'est une sorte de réaction de certains instincts de cette race, opprimés et contrariés par le militarisme à outrance qui a créé sa gloire, et par la vie de caserne que cette gloire même lui impose. L'ancien idéalisme allemand, rudement mené sous une discipline de fer à une bataille sans trêve qui a remplacé les idylles d'autrefois et les épopées métaphysiques, se réfugie dans une philosophie amère qui proteste contre la dure loi de la lutte pour l'existence, qui condamne l'effort, qui maudit la vie, qui mesure la vanité de la gloire à la fatigue qu'elle coûte, au sang qu'elle fait verser, à l'inanité des résultats qui sont toujours ou à conquérir ou à maintenir par la force. Le pessimisme est l'envers du triomphe dans un peuple qui n'est pas belliqueux par nature, qui l'est devenu par nécessité et par politique, que l'on contraint à mener le rôle d'un conquérant malgré lui, et qui à travers son triomphe a des visions de sa vie tranquille d'autrefois et comme la nostalgie du repos. S'il ne peut se reposer ailleurs, il aspire au néant. Ce ne sont là, dira-t-on, que des accès et des crises, soit; mais il en faut tenir compte.

Parmi toutes ces influences, la plus importante de toutes, la plus décisive, celle que l'on oublie trop souvent, c'est une influence de l'ordre tout philosophique, c'est l'évolution qui s'est accomplie pendant ces trente ou quarante dernières années, le progrès constant de la philosophie critique qui a détruit les idoles *métaphysiques* de la même main habile et sûre qui avait miné « les idoles religieuses ». La métaphysique gouverne le monde, sans qu'il s'en doute, par une action de présence ou d'absence. Elle ne peut disparaître momentanément ou subir une éclipse sans qu'un trouble profond se produise dans l'esprit humain. Indiquons d'un trait les négations et les suppressions qui se sont faites dans la philosophie, ou si l'on aime mieux les simplifications radicales qui l'ont réduite à sa plus simple expression, et nous verrons, à mesure que ces suppressions s'opèrent, diminuer le prix de la vie jusqu'à ce qu'il tombe à zéro, puis au-dessous de zéro, et qu'on ne puisse plus l'apprécier que par des quantités négatives, comme le fait le pessimisme.

Le chrétien, le déiste, le disciple de Kant trouvent des raisons de vivre, même si la vie est malheureuse. Elle a en elle-même son prix absolu que déterminent l'idée de l'épreuve, l'éducation de la personne humaine par l'obstacle et la souffrance, la certitude d'un ordre transcendant. Mais supprimons ces idées et voyons comme la vie s'appauvrit. Reste le devoir, qui suffira encore au stoïcien pour qu'il trouve que ce soit la peine de vivre : il travaille à cette fin idéale de l'univers qu'il conçoit même en dehors de toute idée de sanction. Il croit à l'absolu sous la forme du bien : c'est encore assez pour qu'il vive, c'est assez pour qu'il meure satisfait d'une existence qui n'aura pas été inutile, le regard et la pensée fixés sur ce bien abstrait qu'il honore sans pouvoir le définir. — La critique continue à faire son œuvre, elle juge que le devoir lui-même n'a qu'une valeur toute relative, un prix *d'alea* : ou bien, comme on nous le dit, « c'est la simple forme des rapports des phénomènes », ou bien c'est une ruse pour nous faire obéir à nos dépens aux inspirations de l'espèce qui a besoin de notre dévouement. Encore une illusion détruite : quand la ruse est dévoilée, nous devenons des indifférents ou des révoltés. — Le progrès demeure au moins comme une raison suffisante de vivre. Mais non; la science démontre qu'il ne fait que développer notre misère et que l'infortune humaine s'accroît de tout ce que l'homme conquiert sur le temps, sur l'espace, sur les forces de la nature.

Il ne reste plus comme but que l'on puisse assigner à cette pauvre existence, dépouillée successivement de tous ses mobiles et de toutes ses fins, que la science elle-même; mais elle est, elle sera toujours à la portée d'une élite bien peu nombreuse, et cette élite même y trouvera-t-elle une valeur absolue? La science est *un moyen* soit pour développer la conscience, soit pour améliorer le sort des hommes sur la terre; si ces fins sont déclarées chimériques, le moyen tombe avec elles et n'a plus de valeur. — Les affections? Elles ne sont dans la vie telle qu'on la dépeint que des occasions de souffrir ou par la trahison qui nous les enlève ou par la mort qui nous en sépare. Le plaisir? Qui pourrait croire que ce ne serait pas payer trop cher, au prix de tant d'angoisses et de peines de tout genre, quelques sensations recueillies en passant et presque aussitôt évanouies? A quoi donc s'attacher à travers cette fuite douloureuse de la vie, cette multiplicité de travaux qui l'accablent et de chagrins qui en empoisonnent le cours? A nous-mêmes, au moi humain? On nous montre, avec le dernier progrès de la philosophie, que l'idée du moi « n'est qu'une apparence produite dans le cerveau, et n'a pas plus de vérité que l'idée de l'honneur et du droit, par exemple. La seule réalité qui réponde à l'idée que je me fais de la cause intérieure de mon activité est celle de l'être qui n'est pas un individu, l'Un-Tout inconscient. Cette réalité se retrouve aussi bien au fond de l'idée que Pierre se fait de son moi que de l'idée que Paul se fait du sien [1] ». Donc rien, plus rien que ce principe unique, absolu, anonyme, cet Inconscient lugubre, que nous rencontrons à la fin et au fond de tout, un principe aveugle qui

---

1. *Philosophie de l'Inconscient*, 2ᵉ vol., p. 458.

est poussé à vivre par je ne sais quel ressort incompréhensible, mais qui souffre de ce mouvement qu'il s'imprime, de cette activité qu'il s'impose, et qui a comme honte et peur de lui-même; quand il se retrouve en tête-à-tête avec lui-même dans la conscience, il a horreur de ce qu'il voit et se rejette en arrière dans le néant, d'où il est sorti on ne sait comment, d'où il aurait bien dû ne jamais sortir pour se donner ce triste spectacle et pour infliger au monde cette torture sans raison, sans trêve et sans fin. A ce point, le pessimisme nous paraît comme le dernier terme d'un mouvement philosophique qui a tout détruit : la réalité de Dieu, la réalité du devoir, la réalité du moi, la moralité de la science, le progrès, et par là l'effort, le travail, dont cette philosophie proclame l'absolue inutilité.

L'excès même de ces négations et de ces destructions nous rassure pleinement sur l'influence artificielle et momentanée de cette philosophie. Elle pourra se produire de temps en temps dans l'histoire du monde comme un symptôme de la fatigue d'un peuple surmené par l'effort industriel ou militaire, d'une misère qui souffre et s'agite sans avoir encore trouvé ni sa formule économique ni le remède, comme un aveu de découragement individuel ou propre à une classe dans les civilisations vieillies, une maladie de la décadence. Mais tout cela ne dure pas : c'est l'activité utile et nécessaire, c'est le devoir de chaque jour, c'est le travail qui sauve et sauvera toujours l'humanité de ces tentations passagères et dissipera ces mauvais rêves. Si par impossible il y avait jamais un peuple atteint de cette contagion, la nécessité de vivre, que ne suppriment pas ces vaines théories, le relèverait bientôt de cet affaissement et l'acheminerait de nouveau vers le but invisible, mais certain. Ces états-là sont un dilettantisme d'oisifs ou une crise trop violente pour être longue. Le caractère du pessimisme nous révèle son avenir : c'est une philosophie de transition. Dans l'ordre politique, elle est, comme en Allemagne, l'expression soit d'une lassitude momentanée de l'action, soit de graves souffrances qui s'agitent obscurément; elle traduit une sorte de socialisme vague et indéfini qui n'attend qu'une heure favorable pour éclater et qui, en attendant, applaudit de toutes ses forces à ces anathèmes romantiques contre le monde et contre la vie. — Dans l'ordre philosophique, elle représente l'état de l'esprit comme suspendu au-dessus du vide infini entre ses anciennes croyances que l'on a détruites une à une et le positivisme qui se résigne à la vie et au monde tels qu'ils sont. Ici encore, c'est une crise, et voilà tout. L'esprit humain ne se maintiendra pas longtemps dans cette attitude tragique. Ou bien il renoncera à cette pose violente de lutteur désespéré; las d'insulter les dieux absents ou le destin sourd à ses cris de théâtre, il abaissera son front vers la terre et retournera tout simplement à la sagesse de Candide désabusé, qui lui conseille de « cultiver son jardin ». Ou bien, faisant effort pour se retourner vers la lumière, il reviendra de lui-même à l'ancien idéal trahi et délaissé pour d'illusoires promesses, à celui que le positivisme a détruit sans pouvoir le remplacer et qui renaîtra de ses ruines d'un jour, plus fort, plus vivant, plus libre que jamais, dans la conscience de l'homme.

TABLE DES MATIÈRES

Avant-Propos. . . . . ɪ
Chap.   I. — Le Pessimisme dans l'histoire 1
Chap. II. — Le Pessimisme au xix⁰ siècle. — Le
            poète du pessimisme, Leopardi. —
            La théorie de l'*infelicità*. 29
Chap. III. — L'Ecole pessimiste en Allemagne et
            en France. Le principe du mal selon
            la *Philosophie de l'Inconscient* . . 79
Chap. IV. — Les arguments de Schopenhauer
            contre la vie humaine. — L'iden-
            tité de la volonté et de la douleur,
            la théorie des plaisirs négatifs et
            le machiavélisme de la Nature. . 117
Chap. V. — Les arguments de Hartmann contre
            la vie humaine. — Le bilan des
            biens et des maux 153

Chap. VI. — Le but de l'évolution du monde : Le néant, dernier terme du progrès. 191
Chap. VII. — Les expédients et les remèdes proposés par Schopenhauer contre le mal de l'existence. — Le Bouddhisme moderne. 211
Chap. VIII. — La libération du monde par son anéantissement volontaire selon Hartmann. Un essai de suicide cosmique. 247
Chap. IX. — De l'avenir du Pessimisme. Conclusion. 275

21891. — PARIS, TYPOGRAPHIE LAHURE
Rue de Fleurus, 9

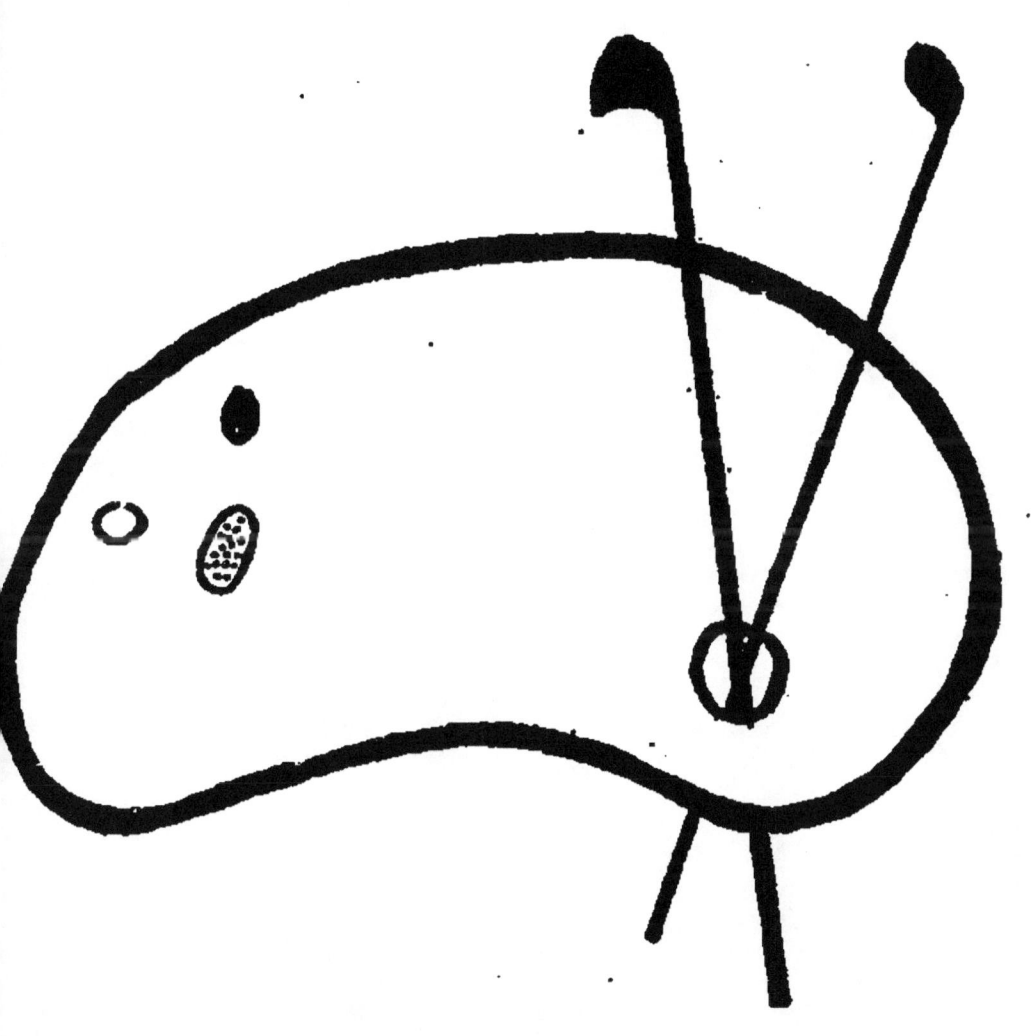

ORIGINAL EN COULEUR
NF Z 43-120-8

www.ingramcontent.com/pod-product-compliance
Lightning Source LLC
Chambersburg PA
CBHW071526160426
43196CB00010B/1678